LE CAPITAL SEXUEL

DANA
KAPLAN

EVA
ILLOUZ

LE CAPITAL SEXUEL

Traduit de l'anglais
par Charlotte Matoussowsky

SEUIL

Ce livre est publié dans la collection
« Traverse »
dirigée par Ivan Jablonka

TRAVERSE : Des chemins de traverse, une traversée des genres pour dire le monde et le transformer. Un espace de création ouvert aux chercheurs, écrivains, journalistes, enquêteurs. Un lieu accueillant toutes les écritures du réel, pour relever ensemble les défis du XXIe siècle.

Titre original : *What is Sexual Capital? / Was ist sexuelles Kapital ?*

ISBN 978-2-02-149780-9

www.seuil.com

Ce ne sont que quelques-uns des indices de l'apparition d'un régime postindustriel, global et médiatique [...] que je nommerai dorénavant pharmacopornographique, prenant pour référence les processus de gouvernement de la subjectivité sexuelle, dans ses modes moléculaires (pharmaco-) et sémiotechniques (-porno). [...] Il n'y a rien à dévoiler du sexe, ni de l'identité sexuelle. La vérité du sexe n'est pas dévoilement, elle est *sexdesign* [...]. Le biocapitalisme pharmacopornographique ne produit pas des choses. Il produit des idées mobiles, des organes vivants, des symboles, des désirs, des réactions chimiques et des affects. En biotechnologie et en pornocommunication, il n'y a pas d'objets à produire, il s'agit d'inventer un sujet et de le produire à l'échelle globale.

Paul B. Preciado, *Testo Junkie. Sexe, drogue et biopolitique*

INTRODUCTION

Le sexe et les métaphores sociologiques

Deux sociologues ont récemment appelé leur profession à se montrer plus modeste, plus ambitieuse et plus enjouée dans ses efforts pour expliquer le monde social[1]. Quand bien même la sociologie ne saurait rendre le monde meilleur, avancent-ils, elle peut certainement fournir de nouveaux moyens de le comprendre grâce à ses théories, ses concepts et ses métaphores. Dans la présente étude, nous nous penchons sur l'une de ces métaphores sociologiques, qui connaît aujourd'hui un succès considérable : celle du capital sexuel, qui n'est plus seulement l'apanage des sociologues et des spécialistes du genre ou de la sexualité. Dans la langue de tous les jours, le capital sexuel est devenu une métaphore courante pour évoquer les conséquences sociales et individuelles d'un « monde rendu sexy » et les façons dont les gens s'en accommodent[2].

Le commun des mortels s'offusquera qu'on emploie le terme de « capital » pour le domaine de la sexualité : après tout, celle-ci n'est-elle pas le lieu du plaisir, du « lâcher-prise », de l'improvisation, du jeu ? Pourquoi la relier à la métaphore socioéconomique du capital ? La raison en est que la sexualité se produit toujours « en société » et qu'elle est régulée par des forces sociales mouvantes. Les trois religions monothéistes n'ont eu de cesse de la réglementer, la plaçant au centre de l'idéologie de la pureté, au centre de la famille et au centre du pouvoir politique. La sexualité apparaît toujours sous une forme sociale dans les idéaux de soi. Si, dans le monde traditionnel, elle était façonnée par la religion, elle est désormais liée avant tout à l'économie.

La métaphore du capital sexuel part du principe que le sexe est une ressource en vue de gains futurs, allant bien au-delà de l'activité sexuelle proprement dite. Contrairement aux concepts, dont le sens est largement compris et accepté – du moins en théorie –, les métaphores sont plus ouvertes et plus floues. Elles revêtent, dans une certaine mesure, une dimension véhiculaire et c'est justement leur imprécision conceptuelle qui nourrit l'imagination des sociologues[3]. Cependant, bien que la métaphore du capital sexuel connaisse aujourd'hui une certaine popularité, elle reste peu théorisée.

Dans l'acception sociologique commune, le capital sexuel se réfère aux retours sur investissement que reçoivent les acteurs lorsqu'ils investissent de l'argent, du temps, des connaissances et de l'énergie affective dans la construction et l'amélioration de leur moi sexuel, autrement dit, de l'aspect de leur identité qui a trait à la sexualité. Un certain nombre se tournent vers la chirurgie esthétique dans l'espoir d'embellir leur visage ou leur corps, tandis que d'autres suivent les conseils en vogue en matière de performance sexuelle ou rejoignent des « communautés de séduction » pour que leur subjectivité sexuelle gagne en assurance. Ces différents investissements permettent à l'individu de mieux se positionner pour accéder au corps d'autrui en tant que corps sexuel. Cette compétition sexuelle peut viser la maximisation du plaisir ou bien le simple sentiment d'être désirable.

Dans la présente étude, nous décrirons les conditions historiques de l'apparition, de l'apogée et, parfois, de la disparition des quatre formes de capital sexuel. Nous émettrons l'hypothèse que ces formes ont évolué dans le cadre du néolibéralisme et que c'est à cette transformation que l'on doit des phénomènes aussi divers que les parties fines organisées dans la Silicon Valley – dans le prolongement des idéaux high-tech de travail créatif, plaisant et collaboratif –, les opérations de chirurgie esthétique génitale au sein des classes moyennes supérieures ou même la conviction chez certains travailleurs du sexe que leurs services leur permettent de développer leur « estime de soi », leur « résilience émotionnelle » et d'autres compétences utiles sur le marché de l'emploi[4]. Nous proposons une analyse détaillée des effets du capitalisme néolibéral sur le sexe et la sexualité par le prisme du capital. Ce que nous appelons « capital sexuel néolibéral » désigne la capacité à glaner dans les aventures sexuelles une appréciation de soi et à exploiter cette valeur personnelle pour améliorer sa propre employabilité.

Cela n'a pas toujours été le cas. Le personnage éponyme de *Dom Juan* exprime un paradigme de masculinité où les conquêtes sexuelles sont entreprises pour elles-mêmes, indépendamment du mariage et des institutions, parce qu'elles confèrent une valeur à l'individu. Dom Juan incarne une masculinité de plus en plus indépendante du pouvoir de l'Église, définie par sa capacité à susciter la concupiscence chez les femmes et à satisfaire les désirs propres du sujet masculin. Cette masculinité apparaît comme une forme de domination, où un homme tel que Dom Juan peut détruire la réputation des femmes et leur ôter leur unique ressource sur le marché du mariage, à savoir leur virginité. Dans la pièce de Molière et l'opéra de Mozart, le personnage est puni par Dieu lui-même, ce qui laisse supposer que, pour que la sexualité sérielle engendre une valeur reconnue socialement pour l'individu, elle doit s'inscrire dans un ordre social et normatif qui la rende opérante. Ce n'était pas encore le cas au XVIIe siècle. La valeur des femmes y était définie par une forme de capital sexuel par défaut, à savoir la chasteté. Dans les marchés du mariage traditionnel, la réputation des femmes (et, dans une moindre mesure, celle des hommes) dépendait de leur virginité. La continence – l'absence d'activité sexuelle – signalait donc la conformité d'une femme aux idéaux chrétiens, augmentant ainsi sa valeur sociale. Par défaut, la sexualité jouait un rôle important dans le choix d'un partenaire, car le marché matrimonial des sociétés traditionnelles reposait à la fois sur la réputation et sur le patrimoine économique du partenaire potentiel. À de nombreux égards, c'est cet ordre normatif censé protéger les femmes des prédateurs que Dom Juan remettait en cause. Pour qu'un véritable capital sexuel puisse émerger, il fallait que la sexualité se défasse de la tutelle de la religion[5]. C'est le relâchement des normes et des tabous entourant la sexualité (ou plutôt la transformation de ces normes), ainsi que l'intégration croissante de cette dernière dans le domaine économique, qui a permis la formation de ce capital. Lorsque la sexualité est structurée par des stratégies économiques, qu'elle engendre des avantages économiques et qu'elle devient un élément clé de la sphère économique, on parle de capital sexuel organisé dans une culture néolibérale ou de capital sexuel néolibéral.

Notre interprétation du capital sexuel néolibéral doit être distinguée des trois grands arguments qui sont en général avancés lorsque l'on envisage les relations entre sexe et capitalisme : premièrement, le sexe comme correctif aux asymétries de genre ; deuxièmement, les identités sexuelles comme plateforme de la citoyenneté sexuelle ; troisièmement, la marchandisation sexuelle ou la monétisation de la sexualité. Abordons chacun d'eux pour expliquer en quoi notre manière d'envisager le capital sexuel néolibéral peut en différer, les améliorer ou les compléter.

D'abord, nous nous inscrivons en faux contre la conception controversée du capital sexuel avancée par la sociologue Catherine Hakim. Celle-ci définit le capital érotique comme un atout (essentiellement féminin) que les femmes peuvent exploiter à la fois sur le marché du travail et dans leurs relations intimes. De son point de vue, le capital érotique combine « beauté, sex-appeal, vitalité, goût vestimentaire, charme et compétences sociales, ainsi que les capacités sexuelles. Il s'agit d'un mélange d'attractivité physique et sociale » qui, selon elle, peut être exploité pour trouver un meilleur travail ou négocier un meilleur « arrangement » dans ses relations intimes[6]. La conception du capital érotique de Catherine Hakim souligne une vraie réalité sociale que rendent d'autant plus actuelle les différentes industries qui utilisent, exploitent et exposent le corps, particulièrement celui de la femme : la sexualité comme attribut de la personne s'est métamorphosée en patrimoine économique.

Toutefois, sa vision définit le capital sexuel de manière encore sommaire et limitée, pour plusieurs raisons. Tout d'abord, Hakim ignore les processus historiques et culturels qui ont permis la transformation de la sexualité en capital. Par exemple, les médias sont en grande partie à l'origine de la codification des canons de beauté et de la conversion de cette dernière en capital dans les domaines sociaux, en raison de puissants intérêts économiques. En traitant le capital sexuel comme un attribut évident et transparent des femmes « belles », Hakim ne s'est pas demandé pourquoi la beauté jouait un rôle dans différents domaines sociaux, lui permettant de faire office de capital. Ensuite, Hakim fait du capital sexuel un attribut féminin, acceptant et renforçant ainsi non seulement des stéréotypes de genre, mais aussi les moyens mêmes de la domination des femmes, c'est-à-dire le contrôle de leurs corps. En d'autres termes, Hakim ne comprend pas que, si la sexualité est une forme de capital, c'est parce que celle-ci repose sur la domination masculine. Comme l'a démontré Catharine MacKinnon, la sexualité est aux rapports hétérosexuels ce que le travail est au producteur capitaliste : le lieu privilégié de l'exploitation, en l'occurrence des femmes par les hommes[7].

Plus surprenant encore : la conceptualisation du capital sexuel par Hakim repose sur l'idée qu'il existe chez les hommes un désir biologique naturel que les femmes peuvent utiliser à leur profit. Elle semble ignorer que, loin de le subvertir, l'usage des femmes à des fins sexuelles et l'utilisation par les femmes de leur propre sexualité ont toujours été caractéristiques du patriarcat le plus oppressif. En effet, le patriarcat se caractérise *précisément* par le fait que la sexualité y représente, pour les femmes sans richesse ni statut, l'unique voie ou presque pour accéder à une position et à une mobilité sociales, du fait de leur exclusion juridique et économique.

Plutôt que de voir légèrement dans le capital sexuel un moyen d'émancipation pour les femmes, nous partons du principe qu'il ne renverse ni la nature durablement genrée des scripts sexuels, ni les relations de domination sexuelle, ni le *double standard* (« deux poids, deux mesures »), même si la sexualité des femmes est de plus en plus active. Il ne transforme pas non plus le rôle central du genre et de la sexualité dans le partage du travail domestique, l'organisation du lieu de travail et la structure globale genrée de la société[8].

Nous divergeons d'une deuxième et très large série de propositions qui relient sexualité et capitalisme par le biais du concept de citoyenneté sexuelle, ainsi que de la recherche associée, qui étudie les luttes politiques et sociales en faveur de l'inclusion des minorités sexuelles[9]. Nous ne saurions rendre justice dans ces quelques pages à ce champ très étendu, qu'inspirent la théorie queer, la science politique et la sociologie du néolibéralisme. Nous nous concentrerons donc sur le rapport entre la revendication de droits sexuels et la participation au marché.

De manière générale, « la citoyenneté sexuelle se réfère aux revendications genrées, incarnées et spatialisées de droits (parmi lesquels la liberté d'expression, l'autonomie corporelle et l'inclusion institutionnelle) et de devoirs (la non-exploitation et la non-oppression d'autrui) sexuels[10] ». Sur la base de cette définition, il apparaît clairement que les questions liées à cette notion – par exemple la violence sexuelle, le consentement ou les droits des travailleurs du sexe – concernent l'ensemble de la population. Cependant, dès le départ, la somme des travaux sur la citoyenneté et la sexualité s'est concentrée sur les revendications des minorités sexuelles en matière d'égalité devant la loi et continue de se développer dans cette direction[11]. Certes, le champ des études sur la citoyenneté sexuelle s'est diversifié sur le plan théorique et il aborde une palette de questions plus large que naguère, traitées depuis différentes perspectives critiques, sans plus se cantonner à la seule question des droits formels des minorités, mais la politique de l'émancipation sexuelle LGBTQ reste le point focal de cette sous-discipline[12].

Dans les pages qui suivent, nous commentons brièvement l'une des théories critiques sur la citoyenneté sexuelle[13]. Celle-ci émet l'hypothèse que l'élargissement des droits et la normalisation de la diversité sexuelle vont globalement de pair avec le capitalisme néolibéral. Notre examen de cette perspective pose les bases de notre propre conception du capital sexuel néolibéral qui, selon nous, apporte un élément manquant à cette vision critique, par ailleurs importante, de la citoyenneté sexuelle.

Quel est donc le lien entre capitalisme néolibéral et élargissement des droits relatifs à la citoyenneté sexuelle ? Selon la théorie critique, les identités sexuelles queer réappropriées pourraient contribuer à légitimer, entretenir et renforcer le capitalisme néolibéral[14]. Cette perspective part du principe que la démocratisation sexuelle, dans un même mouvement, inclut certaines personnes et en exclut d'autres[15]. Ce phénomène spécifie à son tour qui mérite les diverses dispositions et protections de la part de l'État et qui ne les mérite pas[16]. Ainsi délimitée, la frontière entre individus méritants ou non détermine aussi leur rapport différencié au capital[17].

La citoyenneté sexuelle établit explicitement le rapport des sujets au capital dans deux domaines : l'emploi et la culture de consommation. Au travail, certaines démonstrations « respectables » d'homosexualité et de non-conformité sexuelle semblent désormais acceptables. Ceci contraste avec le fait que les personnes transgenres et queer éprouvent toujours des difficultés à intégrer des professions de la classe moyenne et à conserver leurs emplois[18]. De même, dans le domaine de la consommation et de ses biens, le capitalisme néolibéral n'a pas seulement « créé une identité gay apprivoisée et consumériste[19] », mais aussi augmenté la « visibilité du queer dans la culture marchande », selon la formule de Rosemary Hennessy[20]. Les démonstrations publiques de l'activisme queer, les représentations plus positives de ces identités et mondes dans la culture populaire et, enfin, la *lifestylization* de l'existence queer[21] ont plus largement contribué à la marchandisation des identités, styles incarnés et autres codes culturels.

Le lien entre culture de la consommation et citoyenneté sexuelle différentielle est aussi opérant à l'échelle transnationale. Les projets de citoyenneté sexuelle cèdent souvent à ce que Clare Hemmings appelle l'« appât de la modernité », où la tolérance sexuelle signale les degrés de démocratie et d'ouverture au commerce mondial atteints par les nations[22]. Jasbir Puar a créé le terme désormais célèbre d'« homonationalisme » « pour comprendre dans leur complexité comment l'"acceptation" et la "tolérance" des sujets gays et lesbiens sont devenues un baromètre servant à évaluer le droit à la souveraineté nationale et la capacité à y parvenir[23] ». De plus, la tolérance envers les identités sexuelles minoritaires à l'échelle nationale peut exacerber les pratiques lucratives de *pinkwashing*, comme le tourisme gay. Tel-Aviv, ville considérée comme une capitale gay et située dans un pays pratiquant une occupation militaire violente, en est un parfait exemple[24].

Pour conclure, les prémisses critiques de la citoyenneté sexuelle que nous venons de révéler semblent suggérer qu'une politique sexuelle réformiste et inclusive ne fait rien d'autre que lâcher des mots « néolibéraux progressistes » à la mode. Des notions telles que la « diversité sexuelle » et l'« empowerment » ne servent ainsi qu'à dissimuler les intérêts du capital[25]. L'argument de Nancy Fraser selon lequel ces luttes ont en réalité contribué « à redéfinir l'émancipation en termes marchands » exprime de façon succincte cette idée[26]. Pour autant, cela ne signifie pas que toutes les critiques des grands mouvements en faveur des droits, des politiques de diversité et de la modernisation sexuelle disent la même chose. Comme nous l'avons montré, elles s'accordent généralement sur le fait que la citoyenneté sexuelle « a adopté une position trop complaisante vis-à-vis du capital et du pouvoir social », mais elles sont toujours divisées sur la question de l'utilité politique d'une émancipation par le marché[27].

Par conséquent, même si nous rejoignons Fraser en ne voyant pas la liberté sexuelle comme nécessairement transgressive sur le plan politique[28], nous estimons que ces critiques de la citoyenneté sexuelle proposent une théorie trop générale. En effet, elles ne parviennent pas à montrer précisément *comment* le capitalisme néolibéral peut intégrer les identités sexuelles, qu'elles soient marginales ou hégémoniques. C'est une chose de dire que la citoyenneté sexuelle, une fois établie, fait partie de la citoyenneté des sujets dans leurs rapports à l'État comme au marché. C'en est une autre de vouloir expliquer, comme nous le faisons, ce que les gens peuvent faire – et ce qu'ils font – de ces droits dans un cadre néolibéral[29]. En d'autres termes, il ne suffit pas de comprendre comment les motifs structurels de l'inclusion et de l'exclusion sexuelles contribuent au maintien du système capitaliste, en le légitimant ou en le diffusant par le truchement de la culture de consommation. À compter du moment où l'on envisage les droits sexuels comme des ressources, se pose immédiatement la question de l'emploi de ces ressources et même de leur concrétisation par des citoyens sexuels réels, qu'ils soient queer ou non.

La conception du capital sexuel néolibéral que nous proposons s'appuie sur l'idée abstraite que le capitalisme exploite des identités sexuelles collectives émancipées et réappropriées, mais elle va au-delà. Ce concept de capital sexuel trouve son utilité parce qu'il reconnaît simultanément la possibilité (perçue) d'une liberté sexuelle et le fait que, « alors que la rationalité néolibérale devient notre bon sens en tout lieu », pour reprendre les mots de Wendy Brown[30], la liberté individuelle est non seulement compatible avec la liberté des marchés, mais en constitue une extension[31]. Pour le dire simplement, les critiques qui se contentent de pointer le caractère interchangeable des libertés marchandes et politiques oublient que la rationalité néolibérale a d'ores et déjà altéré le sens du mot « liberté ». Citons encore Wendy Brown : « La liberté est entièrement assimilée à la poursuite d'intérêts privés, elle est, comme de juste, non régulée et s'exerce le plus souvent pour améliorer la valeur, le positionnement ou la part de marché d'une personne ou d'une entreprise. » Il nous faut donc prendre en compte non seulement la marchandisation du sexe et de la sexualité (ce que nous faisons néanmoins, nous en reparlerons), mais aussi la manière dont la liberté sexuelle elle-même augmente la valeur économique de certains sujets[32].

Enfin, notre conception du capital néolibéral s'écarte d'une autre série d'arguments, laquelle critique la marchandisation du sexe et de la sexualité. Dans notre commentaire de la citoyenneté sexuelle, nous avons mis en avant le débat politique autour des types d'inclusion sexuelle et de revendications des droits par le truchement du marché. Nous souhaitons maintenant expliquer en quoi les critiques de la culture de consommation ne suffisent pas à rendre compte de la contribution du sexe et de la sexualité à la citadelle du capitalisme néolibéral.

Selon la thèse de la marchandisation du sexe, le principal problème posé par les formes contemporaines de sexualité est que cette dernière, au lieu de libérer les êtres humains, s'est vue elle aussi conquérir par le capitalisme. En bref, les adeptes de cette théorie critique estiment qu'un « sujet désirant » s'est formé dans le glissement du capitalisme moderne vers la consommation ; dans ce processus continu de relâchement de forces libidineuses et de création de nouveaux besoins de consommation, le sexe est devenu à la fois une marchandise et un moyen de vendre d'autres produits[33]. En témoigne l'éventail d'objets tels que les sex-toys, les romans érotiques ou les excursions romantiques vendues aux consommateurs dans différents marchés du *lifestyle*[34]. Comme le suggère Ken Plummer, il existe cinq grands « marchés imbriqués où la sexualité est consommée[35] » : le marché des « corps physiques » sexualisés (par exemple le tourisme sexuel)[36], celui des représentations sexuelles (la pornographie), celui des technologies sexualisées (le Viagra), celui des objets sexualisés (les sex-toys) et, pour finir, le marché des relations (les ateliers de sexe tantrique, les communautés de séduction).

L'industrie du sexe a pris des proportions gigantesques. Elle génère des profits par milliards, augmente les chiffres d'affaires des entreprises et renforce les économies nationales – l'industrie pornographique s'est en effet déplacée vers des plateformes en ligne et elle est aujourd'hui intégrée au capitalisme numérique. L'imagerie sexuelle traverse l'ensemble de la sphère publique et cette sexualisation de la culture est lourde de conséquences sur le plan social[37]. Pourtant, malgré l'importance de ces processus jumeaux – la marchandisation du sexe et la sexualisation de la culture –, nous avançons que nous devons élargir notre étude du rôle économique du sexe dans nos sociétés. Bien que nous critiquions les voies, toujours plus nombreuses et visibles, qu'emprunte la marchandisation, nous sommes surtout intriguées par les subjectivités sexuelles et par les expériences et interactions sexuelles réelles, bien plus que par les objets et produits sexuels – quand bien même ceux-ci occuperaient un rôle de plus en plus central dans ces interactions.

C'est précisément parce que le sexe est si envahissant et visible, si abondant et accessible, se mêlant aux idéaux progressistes d'authenticité personnelle et de liberté tout en étant extrêmement marchandisé, que le capital sexuel appartient à un système complexe de capacités différentielles qui apportent une valeur ajoutée au moi contemporain. Nous posons donc la question suivante : dans un monde d'abondance sexuelle (du moins en apparence), où nous sommes tous et toutes censés jouir, et jouir beaucoup, se pourrait-il que certains se servent de la sexualité pour se valoriser, au sens d'augmenter leur valeur sur le marché ? Si oui, pourquoi ? À travers le prisme analytique du *capital érotique et sexuel*, nous souhaitons contribuer à l'analyse sociologique des sexualités en tant que forme d'inégalité, institutionnalisée de différentes façons par le capitalisme néolibéral. Au lieu de nous demander comment le capitalisme reproduit les discours et scripts sexuels hétéronormés et genrés, nous renversons la question : en quoi la sexualité néolibérale et le capital sexuel qu'elle peut générer contribuent-ils à la reproduction du capitalisme ?

Pour aborder l'étude des principes structurels du capitalisme contemporain dans les sociétés occidentales, on peut, avec Andreas Reckwitz, émettre l'hypothèse qu'une « logique sociale des singularités », nettement différente de la logique sociale de généralité qui caractérisait auparavant la modernité, gagne du terrain depuis les années 1980[38]. L'époque n'est plus aux produits de masse : les ménages leur préfèrent des créations uniques, artisanales, sur mesure. Le pouvoir économique de la singularité réside aussi dans la capacité du capitalisme à puiser dans la « vie même ».

En effet, le capitalisme imprègne le quotidien et se nourrit des singularités. Par conséquent, la vie se mue en travail (comme dans les vidéoblogs YouTube, par exemple), puisque c'est la vie elle-même qui est devenue le matériau brut de l'économie. Le sexe serait un lieu clé à la fois pour la mise en œuvre et pour la reproduction de la logique sociale de la singularité, dans les subjectivités comme sur les marchés. Il est normalement considéré comme un épisode à part entière dans la routine du quotidien. Étant une expérience unique, il est perçu, de façon normative, comme fondamentalement non utilitaire : le sexe serait une fin en soi, que cette fin soit la procréation, la maximisation du plaisir ou l'entretien de l'intimité. Enfin, du fait de sa valeur intrinsèque et de son caractère unique, le sexe est en général associé à des affects forts, tels que « la fascination, l'excitation, l'enthousiasme et la satisfaction tranquille[39] ».

Cette hypothèse nous laisse sceptiques. Puisque nous travaillons sur le terrain polémique de la sexualité néolibérale, nous sommes peu enclines à produire une étude sociologique « joyeuse » de la singularité du sexe[40]. Même si ce dernier demeure un lieu clé de l'application de scripts sexuels genrés, de leur reproduction et de leur dépassement – n'en déplaise à Hakim –, nous émettons plutôt l'hypothèse que le capital sexuel interagirait aussi avec la classe, d'une manière que les sociologues n'ont pas encore complètement appréhendée. Le capital sexuel est opérant dans un ordre social et politique appelé néolibéralisme, notion fourre-tout qui décrit une responsabilisation accrue de l'individu face à un marché de plus en plus dérégulé. Pour agir de manière optimale dans le marché, cet individu hautement responsable doit mobiliser son appareil psychique, y compris ses ressources sexuelles.

Ces trente dernières années, les sociologues ont mis l'accent sur la nécessaire revitalisation de l'analyse de classe, afin de bien rendre compte des périls de la néolibéralisation. Beaucoup d'analystes ont avancé que la classe n'est pas juste une force structurelle et objective venue d'en haut. Ils ont notamment affirmé qu'elle est aussi psychologique, au sens où elle atteint la subjectivité même, dans l'expérience de vivre un corps et des émotions. Pourtant, la recherche sur le rôle joué par la subjectivité dans la formation et la reproduction des classes est peu développée. Des travaux prometteurs sont toutefois en cours sur les métiers « passion », artistiques, créatifs ou culturels, où l'investissement psychologique est très fort. Des études convaincantes ont montré il y a peu que les sujets de la classe moyenne exerçant des métiers créatifs n'envisagent pas de « dehors » au travail. Ce dernier, devenu extrêmement précaire, instable et exigeant donc un très fort degré d'empressement et d'aptitude de la part du travailleur, fonctionne comme une expression profonde du moi authentique[41]. Par conséquent, l'employabilité est précisément conditionnée par le niveau d'engagement personnel et d'investissement psychologique « passionné ». Michèle Lamont a récemment avancé l'idée que favoriser l'estime de soi, le bien-être subjectif et la résilience pourrait contribuer à ralentir la croissance des inégalités structurelles et matérielles ; elle suggère qu'il existerait un lien entre le psychologique et le social[42].

Bien que nous rejetions avec force cette psychologisation des inégalités, nous voulons affirmer que la sexualité est en effet devenue un lieu crucial de développement des sentiments d'estime de soi, de résilience et d'aptitude. Cette évolution illustre les manières dont le moi néolibéral se voit demander d'exploiter l'ensemble de ses compétences et de ses dimensions pour entrer sur le marché et s'en disputer une part. Pour le dire d'une autre manière, étudier le capital sexuel nous offre une possibilité unique de comprendre l'importance des expériences subjectives et des états psychologiques pour l'employabilité et la reproduction de classe au sein des classes moyennes. Les dispositions émotionnelles et sexuelles jouent un rôle significatif non seulement dans les stratégies de mobilité sociale, mais aussi dans les façons de se définir au travail.

En réponse à un appel récent de Breanne Fahs et Sara McClelland en faveur d'une plus grande clarté conceptuelle dans le champ – en plein essor – des études critiques des sexualités, nous entreprenons dans ce court ouvrage d'une part de resituer la métaphore du capital sexuel, et d'autre part de la développer[43]. Penser les sensations, réactions, affects, corps, identités, discours, rapports et produits sexuels en termes de capital pourrait permettre d'expliquer les nuances et les contradictions de la vie sexuelle et sociale sous le capitalisme néolibéral. Pour exploiter ce potentiel, nous problématiserons quelques-uns des usages les plus communs et les plus ouvertement partiaux de la métaphore du capital sexuel et nous proposerons des corrections, à nos yeux importantes, à cet outil très utile pour penser le sexe et la sexualité aujourd'hui. Dans cette entreprise, nous tâcherons de nous montrer à la fois ambitieuses et modestes.

Modestes, parce que, contrairement à certains usages académiques connus du concept de capital sexuel, notre propre formulation de cette métaphore se veut plus réaliste. Notre ambition, quant à elle, est fondée sur une volonté de mieux comprendre comment « le sexe et le pouvoir s'immiscent l'un dans l'autre et l'un avec l'autre[44] » en prenant en compte le mécanisme de classe derrière la distribution inégale du capital sexuel. Dans la suite de l'ouvrage, nous avancerons que le capital sexuel est aussi devenu un facteur de reproduction des hiérarchies de classe.

Nous commencerons par une vue d'ensemble de la transition historique entre époque moderne et époque contemporaine en matière de sexe et de sexualité. Au cours de cette période, la division entre le « bon sexe », qui relève de la reproduction, et le « mauvais sexe », c'est-à-dire le sexe tarifé, s'est érodée. Cette évolution pose les bases historiques permettant d'expliquer comment le sexe produit du capital économique – soit directement, sous la forme de produits et de services sexuels, soit indirectement, par des pratiques d'accouplement et en créant des sujets et des subjectivités. Cette revue théorique et historique nous permettra de développer la notion de capital sexuel néolibéral, où les expériences sexuelles personnelles viennent augmenter l'employabilité des personnes actives.

CHAPITRE 1

Liberté sexuelle et capital sexuel

Tous les êtres humains ont un sexe. En revanche, tous n'ont pas une sexualité, c'est-à-dire l'idée que leurs organes sexuels définissent leur personne et leurs actions, tout en ayant une importance pour leur épanouissement. Au cours de la période moderne, la sexualité a redéfini en profondeur l'identité et l'individualité. Avec d'autres chercheurs, nous pouvons nous demander : comment en sommes-nous venus à croire que le sexe est si important pour ce que nous sommes ?

Nous, modernes, pensons que le sexe et la sexualité sont une pulsion et un appétit naturels[1] qui doivent être cultivés et pratiqués pour eux-mêmes, pour le bien-être physique et psychique. La sexualité a condensé la valeur et la pratique de la liberté, ou, plus précisément, de la liberté personnelle. Le lien entre autonomie individuelle et réalisation de soi, d'une part, et liberté sexuelle, d'autre part, résulte d'un long processus sociohistorique. La liberté sexuelle est de fait devenue un principe central de la société occidentale moderne et l'un des héritages les plus frappants des Lumières, dont « les répercussions se font encore sentir aujourd'hui[2] ». C'est dans cet esprit que le sociologue Adam Isaiah Green écrit :

> Au cours des deux derniers siècles, de grandes mutations structurelles liées à la croissance des marchés capitalistes, à l'urbanisation et à l'évolution du statut économique des femmes ont coïncidé avec des développements technologiques et culturels – parmi lesquels l'avènement de la contraception, la popularisation d'Internet, la perte d'influence de la religion et l'essor de normes positives en matière de sexualité – pour produire un domaine de vie sexuelle plus dégagé encore du contrôle des institutions traditionnelles, telles que la famille et l'Église[3].

La liberté sexuelle est donc une série d'idées, une matrice de valeurs, un cadre culturel et une pratique qui a entraîné des répercussions importantes sur les institutions et les rapports intimes comme économiques de la modernité.

Dans l'œuvre de Michel Foucault, la liberté sexuelle est envisagée comme un effet de nouvelles formes de connaissance de soi (apportées notamment par la psychiatrie et la psychanalyse). Cependant, ainsi que l'a montré Eva Illouz dans *La Fin de l'amour*, l'idée comme la pratique de la liberté sexuelle ont épousé les principales formes et logiques sociales du capitalisme et de la consommation. Peut-être parce qu'il cherchait à se distinguer des marxistes, Foucault s'est concentré sur les systèmes de connaissance de la sexualité et a ignoré les fondements économiques de cette dernière, ainsi que la sexualisation de l'économie. La liberté sexuelle a été incorporée aux domaines économique et social et transformée en capital, c'est-à-dire une ressource inégalement distribuée et offrant différents types d'avantages à celles et ceux qui la possèdent. La question est donc : quelles formes capitalistes l'idéal moderne de libération sexuelle a-t-il prises ? Comment la métaphore du capital sexuel saisit-elle ces transformations ?

La sexualité contemporaine se caractérise par un double processus : d'une part, le sexe est rationalisé et objectivé dans des corpus scientifiques ; d'autre part, il devient un attribut personnel, une identité, et donc une propriété de la personne, individuelle et privée, un aspect de son identité profonde. Subjectivation et objectivation vont de pair. Nous pourrions théoriser ce processus historique en termes d'une supposée autonomisation progressive de la sexualité, autrement dit le fait qu'elle n'est plus gouvernée par des principes religieux qui lui sont extérieurs.

On trouve une bonne illustration de cet imaginaire contemporain dans la description que donne Max Weber de la « sphère érotique », l'une des six sphères de valeur qu'il postulait. Selon le sociologue allemand, la sublimation progressive du sexe accompagne la rationalisation et l'intellectualisation croissantes du monde moderne. Le sexe est ainsi un havre de sens et de chaleur humaine dans un monde qui devient glacial :

> La dernière phase d'accentuation de l'érotisme s'est accomplie [...] là où il est entré en conflit avec l'ascétisme qui caractérise inévitablement l'apparition de l'homme professionnel. Sous ce rapport de tension avec le quotidien dans ce qu'il a de rationnel, la vie sexuelle sortie de son cadre quotidien, donc en particulier la

> sexualité hors mariage, pouvait apparaître comme le seul lien qui rattachait encore à la source de toute vie cet homme qui avait tourné le dos à l'antique existence paysanne, simple et organique[4].

Pour Weber, le « triomphe heureux » de la sexualité sur le rationnel peut culminer soit dans le « purement animal » intramondain, soit, potentiellement, dans un salut éthique ultramondain de la rationalité par « le don de soi sans limites ». De cette manière, l'érotisme peut libérer les hommes – et, dans une moindre mesure, les femmes – de leurs entreprises rationalistes et contrer la froideur du calcul capitaliste. Pour Weber et, à certains égards, pour Georg Simmel aussi, le sexe est « une affirmation du moi contre les effets surnaturellement dénaturants de la civilisation industrielle moderne et contemporaine[5] ».

Weber a ainsi contextualisé la purification de l'érotique et sa séparation du quotidien brut, le traitant comme un bouclier contre la bureaucratisation froide apportée par le développement du rationalisme instrumental qui est le principe organisateur du capitalisme. La satisfaction du désir sexuel des « hommes » (et vraisemblablement des femmes) est détachée de tout autre intérêt extérieur. Ainsi, bien que le sexe reste suspect aux yeux de Weber (et à ceux des autres « pères » de la sociologie)[6], l'important est qu'il est désormais compris au point de vue sociologique comme constituant une sphère d'action propre, susceptible de gagner en importance avec la modernité.

Or, si nous partons du principe que l'autonomisation sexuelle correspond à une réalité historique, ce sont les implications sociales de ce processus qui doivent nous intéresser. Si la société en général et les sociologues conçoivent tous deux le sexe comme une fin en soi ayant une valeur intrinsèque, d'où vient exactement cette valeur ? Quand Weber pense l'érotisme comme une sphère qui produit du plaisir, nous croyons qu'une telle autonomisation de la sexualité engendre encore d'autres bénéfices.

N'en déplaise à Weber, les spécialistes de l'émergence d'un champ sexuel autonome au sein de la société l'ont principalement expliqué par le post-traditionalisme et le capitalisme avancé[7]. Les sociologues ont examiné la question en s'intéressant à la transformation des arrangements sociaux qui régulaient l'amour romantique et les liens conjugaux. Dans *Pourquoi l'amour fait mal*, Eva Illouz décrit un processus parallèle à celui analysé par Weber[8]. À l'avènement de la modernité, une « grande transformation de l'amour » s'est produite et a fait émerger les marchés matrimoniaux modernes, qui se régulent eux-mêmes, c'est-à-dire selon une logique qui leur est propre. Par là, la sociologue entend que les tabous de la race et de la religion qui contrôlaient les règles de l'exogamie (c'est-à-dire du choix des partenaires) se sont considérablement affaiblis, tandis que l'« utilité » du partenaire choisi n'est plus seulement associée à sa position socioéconomique, mais aussi à ses attributs psychologiques, émotionnels et sexuels. Le choix d'un partenaire a été fondé de plus en plus sur la désirabilité sexuelle et la compatibilité psychologique.

La société bourgeoise du capitalisme industriel a fait du sexe à la fois un objet d'étude et un lieu d'identité personnelle. La sexualité était de plus en plus comprise, imaginée et discutée comme une entité non monétisée située hors du marché économique, même si elle n'était pas en tout point autonome comme chez Weber. La « bonne » sexualité, convenable, était vue comme une réalité domestique appartenant à la sphère de la reproduction biologique et sociale (qui était la raison d'être de la famille). Selon ce parti pris normatif, le sexe et l'économie devaient être, ou étaient effectivement, séparés. Il est intéressant de noter que, plus tard, lors de ce qu'on a appelé la révolution sexuelle des années 1920 (la première), divers penseurs et groupes réformistes ont critiqué ces mêmes idéaux. Une partie d'entre eux considéraient que la domestication du sexe était la marque d'une moralité bourgeoise répressive ; à cet égard, ils ont rapproché sexe – désormais présenté comme « refoulé » – et mode de production capitaliste.

On trouve un bon exemple de ce mode de pensée chez Werner Sombart, qui écrit en 1913 que le petit-bourgeois est chaste parce qu'il « ne voulait pas risquer son existence. [...] Il ne tarde à se rendre compte qu'en faisant des dettes ou en gaspillant son temps dans des plaisirs ou des affaires d'amour, il risque de se trouver un jour dans le dénuement le plus complet[9] ». Si le « refoulement » sexuel est perçu comme au service des intérêts du capitalisme (thème évoqué plus tard par Herbert Marcuse dans sa critique de l'homme unidimensionnel[10]), un autre processus se met lentement en branle, où la libération sexuelle allait servir les intérêts du capitalisme bien plus directement.

Les sociologues et les autres spécialistes du sexe utilisent la notion de capital sexuel pour expliquer comment les acteurs tirent profit des subjectivités, expériences et interactions sexuelles – y compris les actes, les sentiments et les pensées –, que ce soit sur les marchés économiques et matrimoniaux ou dans les aventures sexuelles.

Nous nous efforçons de relier le capital sexuel aux rapports de classe et de genre et nous le considérons comme un moyen d'obtenir un statut et d'acquérir des avantages économiques. Nous rejoignons ainsi une tendance récente consistant à se réintéresser aux inégalités matérielles par le biais de ce qu'Andrew Sayer appelle une « économie politique radicale ». Une économie politique radicale et morale « ne se limite pas à des questions d'égalité et d'exploitation », mais possède un fort sens des « responsabilités économiques » et du « bien public »[11]. Les travaux de Thomas Piketty constituent un exemple récent de ce « retour à l'examen des réalités matérielles[12] ». Cependant, cette approche par ailleurs bienvenue a pour limite d'ignorer largement les définitions non économiques du capital[13].

Pour notre part, nous étendons et élargissons la notion de capital sexuel en employant les versions non économiques, « impures » de celui-ci dans notre étude des inégalités matérielles et de genre[14]. Nous sommes convaincues qu'une démarche fondée sur un capital élargi permet de révéler les liens actuels entre sexualités et inégalités. Comme l'explique Andrew Sayer[15], une économie politique radicale revivifiée doit interroger comment les marchés, l'argent et le capital s'introduisent dans les univers de sens et les déforment. Dans le dernier chapitre du présent ouvrage, nous développerons l'idée que le capital sexuel néolibéral est une voie spécifique où persistent les inégalités matérielles. Cependant, avant de plonger dans la typologie des quatre formes du capital sexuel, donnons rapidement une idée générale de ce qu'est le capital sexuel.

CHAPITRE 2

Qu'est-ce que le capital sexuel ?

Il y a plusieurs manières d'aborder la notion de capital sexuel. Les quatre catégories que nous allons examiner diffèrent selon la configuration des composantes du terme, à savoir « sexuel » et « capital ». C'est pourquoi, avant de les présenter, nous allons définir les notions clés de sexe et de capital.

Sexe

Comme le dit avec force l'historienne du sexe Valerie Traub, il faut admettre que le sexe comme « catégorie de la pensée, de la volonté, du comportement et de la représentation humains est opaque, inaccessible et résiste à la compréhension[1] ». Déterminer ce que le sexe est ou n'est pas est difficile. C'est pourquoi, selon Traub, historiens et – ajouterions-nous – sociologues ont rarement décrit la teneur physique du sexe[2]. Quant à nous, nous considérons le domaine de l'expérience sexuelle comme un continuum allant du désir aux identités publiques en passant par les comportements, compétences et actes sexuels réels[3].

Dans nos corps, le « sexuel » désigne deux terrains d'action humaine très vastes. Premièrement, il se réfère le plus souvent au sex-appeal (*sexiness*) et à l'attrait (*attractiveness*) des corps, la propriété qui les rend désirables à d'autres[4]. Des industries entières (chirurgie esthétique, lingerie fine, fitness, etc.) visent à faire paraître l'individu plus attirant et à susciter ce sentiment chez lui afin de connaître une plus grande réussite sexuelle. Être jugée sexy ou belle peut augmenter la popularité sexuelle d'une personne et maximiser son plaisir. Deuxièmement, le « sexuel » désigne la sphère de l'expérience et de l'expression sexuelles, y compris « tout ce qui nous excite[5] ». En réalité, bien sûr, ces deux signifiés sont intimement liés[6]. Nous devons néanmoins les séparer pour l'analyse.

La métaphore du capital sexuel a d'abord été développée dans le contexte d'une étude sur les communautés et les sous-cultures sexuelles LGBTQ[7], mais l'appliquer également aux relations hétérosexuelles tombe sous le sens. La nature construite et contingente de l'hétérosexualité est apparue de façon plus évidente encore ces dernières décennies, avec l'émergence de différentes formes d'appariements et d'arrangements sexuels[8]. Cependant, cette orientation sexuelle reste fortement institutionnalisée et exige un incessant travail culturel de réaffirmation de sa normativité[9] : c'est pourquoi, même si notre analyse s'avère pertinente pour la sexualité queer, nous nous concentrons sur l'hétérosexualité. Cette dernière conserve en effet une grande part de ses caractéristiques morales passées – même si elles se déstabilisent peu à peu. Elle reste moins politisée que d'autres types de liens sexuels et elle est en général vécue comme naturelle et privée. Enfin, l'hétérosexualité est la forme de sexualité qui produit les formes de capital les plus évidentes et les plus tangibles.

Capital

Que voulons-nous dire en parlant de « capital » ? Dans le premier volume de son grand œuvre, Karl

Marx écrit que le capital (économique) correspond à l'appropriation de la plus-value (survaleur) – la force de travail exploitée d'autrui – ainsi qu'à la recirculation de cette plus-value dans la sphère de la production[10]. Dans cette formulation, « le capital est une quantité de biens ou d'argent qui, échangée contre du travail, se reproduit et s'accroît en soutirant, au travail et en elle-même, du travail non payé ou plus-value[11] ». Il s'agit là d'une vision plus large du capital, dans la mesure où elle sépare celui-ci de la valeur. Le capital de Marx « se meut en trois formes différentes, celle du capital-argent, du capital productif et du capital-marchandise. Chacune de ces formes incite à envisager le capital de façon différente, respectivement comme finance, comme instrument de production ou comme produit incarnant une plus-value par rapport à des facteurs[12] ».

Marx accepte ainsi le sens original et purement monétisé du capital, mais il va aussi plus loin. Selon Geoffrey Hodgson, le sens d'origine était purement économique, mais s'est progressivement étendu et inclut aujourd'hui – à tort, selon lui – des types de capitaux non économiques[13]. À partir du sens original, minimaliste, qui se référait seulement « à l'argent ou à la valeur financière de la propriété aliénable[14] », des économistes politiques tels qu'Adam Smith ou Karl Marx et des sociologues tels que Pierre Bourdieu ont proposé d'étendre cette définition à toute ressource qui « peut contribuer à la production de richesse[15] », que cette dernière soit économique ou sociale.

D'autres théorisations élargies du capital tournent le dos à la théorie de la valeur travail et à la classe ouvrière pour s'intéresser aux classes moyennes et à diverses combinaisons d'indices économiques, tels que les diplômes et les compétences professionnelles ou techniques ; ce capital humain engendre des avantages professionnels pour ces classes[16]. Enfin, ce sont la théorie bourdieusienne du champ et le tournant culturel qui nous influencent quand nous avançons que le capital peut être non économique, par exemple dans les capitaux culturel et social[17]. Ces formes de capital ont été élargies : Illouz propose ainsi la notion de capital émotionnel, qui concerne la formation, le contrôle et l'expression des émotions dans le cadre de la concurrence au travail, et Lamont celle de capital moral, qui montre en quoi la caractérisation morale de soi et d'autrui marque l'individu au sein de son champ[18].

Hodgson résume la définition élargie ou englobante du capitalisme en critiquant le fait que, selon lui, à partir des années 1970, le terme « capital » a été appliqué à pratiquement tout objet durable, propriété, attribut personnel ou rapport social potentiellement utile sur le plan économique, au point de perdre son pouvoir explicatif[19]. Malgré cette critique, nous adoptons une vision élargie où le sens du capital dépasse la sphère financière et atteint des domaines non économiques (en apparence) d'accumulation et d'investissement, comme la vie sexuelle. En effet, cette démarche analytique est importante pour notre étude du capital sexuel, laquelle envisage le domaine sexuel comme partie intégrante des inégalités sociales – et économiques –, bien qu'il ne puisse se résumer complètement à celles-ci.

Notre première raison pour élargir le concept de « capital » est purement définitoire. Comme l'ont montré de récentes études, il n'existe pas de consensus autour du sens de ce terme, même parmi les économistes. Dans leur histoire intellectuelle de la pensée économique moderne du capital, les chercheurs Anthony Endres et David Harper montrent qu'à différentes époques, les économistes conceptualisent le « capital » de différentes manières[20]. Tout au long du XXe siècle, on invente des façons nouvelles et divergentes de théoriser et de comprendre le terme, chaque fois porteuses de différents partis pris ontologiques sur la nature de la réalité (économique). Cependant, au-delà de l'absence de consensus disciplinaire parmi les économistes, notre deuxième raison pour élargir le concept au-delà des domaines financier et explicitement économique est analytique. Les métaphores économiques et sociologiques mettent en avant certains aspects de la réalité économique et sociale et en relèguent d'autres au second plan. C'est précisément pour cette raison que nous avons besoin d'un concept élargi : différents types de capital correspondent à différentes formes d'inégalités et à différents modes sociaux d'accumulation (ou non) des avantages sociaux engendrés par ces mêmes inégalités[21]. Pour Laurent Thévenot, la « diversification des variables-capital ne vient pas seulement ajouter d'autres sortes de capital ». Les nombreuses formes de capital mettent plutôt en évidence

> l'hétérogénéité irréductible des façons dont les personnes sont en capacité de « capitaliser » leurs

dotations et de mettre en valeur leurs capitaux, diverses façons que nous caractérisons par des « modes de coordination » avec les autres, soi-même et le monde environnant. Il n'existe pas de « retour d'investissement » sans mode de coordination approprié, déterminant un certain mode de mise en valeur du capital[22].

Comme nous l'avons déjà noté, l'un des modes de coordination les plus étudiés en sociologie relève de l'accumulation de capital culturel, ainsi que des avantages sociaux que celui-ci engendre pour les classes moyennes et supérieures. Les vastes travaux sur le capital culturel, menés surtout en sociologie de la culture et en sociologie de l'éducation, montrent que les réserves de sens et de capacités acquises lors d'une socialisation par les pratiques familiales façonnent les trajectoires des individus dans le système scolaire et, plus tard, sur les marchés de l'emploi[23].

Le capital culturel influe encore sur la vie adulte sous la forme de goûts de consommation propres à une classe ; ces goûts distincts fonctionnent alors comme des signaux de statut et de savoir-vivre[24]. Les autres formes de capital développées par Bourdieu et d'autres sociologues s'inscrivent de manière semblable dans leurs champs sociaux respectifs et dans les modes de coordination correspondants. En élargissant la signification du capital au-delà de l'investissement financier et de ses retours dans le champ uniquement économique, les sociologues ont pu proposer une approche plus nuancée du fonctionnement des différents types d'inégalités structurelles, qui parfois se superposent et parfois ne font que se renforcer mutuellement.

Capital sexuel

Ceci nous conduit à nous demander comment concevoir le capital sexuel. Quels avantages les réserves de capacités sexuelles incarnées et détenues individuellement peuvent-elles produire ? Sont-ils purement sexuels, ou bien les actifs sexuels peuvent-ils aussi produire des avantages non sexuels ? Et si cette dernière proposition est vraie, ces avantages sont-ils traduisibles dans la sphère économique, comme le suggèrent des sociologues en s'inspirant du capital symbolique bourdieusien[25] ? À quelles conditions le capital sexuel peut-il revêtir une valeur économique ?

Pour répondre à ces questions, le chapitre suivant s'appuie sur la distinction courante entre deux terrains où s'articule le capital sexuel : la sphère économique de la production et des relations de travail, d'une part, et, d'autre part, la sphère domestique de la reproduction (première catégorie du capital sexuel). Cependant, comme nous le verrons, en passant du capital sexuel comme plus-value du corps (deuxième catégorie) au sex-appeal et au capital sexuel incarné (troisième catégorie), il devient difficile de maintenir la distinction entre production et reproduction, non seulement sur le plan idéologique - comme l'avancent de nombreuses féministes[26] -, mais aussi sur le plan ontologique, tout simplement parce que le capitalisme néolibéral brouille les frontières entre ces deux sphères.

Aujourd'hui, la séparation analytique entre les sphères de la production matérielle et de la reproduction sociale ne peut être conservée facilement. Nous sommes bien plutôt confrontés à un monde où il devient difficile de distinguer le travail sexuel de la sexualité conjugale « offerte » sur le mode du don. Ces transformations constituent le contexte d'émergence du capital sexuel néolibéral (quatrième catégorie).

CHAPITRE 3

Les formes du capital sexuel

Passons maintenant à notre typologie des quatre formes du capital sexuel, qui est à la fois historique et analytique. Nous sommes ici influencées par le mouvement historico-analytique de Nancy Fraser : selon cette théorie, à chaque phase historique du capitalisme, les forces illimitées de l'accumulation entrent périodiquement en tension et, souvent, déstabilisent les pratiques de reproduction sociale[1]. Les manifestations historiques concrètes de cette contradiction sont variables, mais leur source demeure et s'inscrit dans la structure capitaliste de la société. Ainsi, chaque catégorie du capital sexuel manifeste la forme historique spécifique des tensions entre reproduction de la vie sociale et accumulation du capital.

Nous identifions quatre types idéaux de capital sexuel et spécifions comment ils sont utilisés et échangés dans les rapports sociaux et économiques.

1. *Le capital sexuel par défaut : chasteté et domesticité.* La réputation d'une femme qui « perd » sa virginité est discréditée sur le marché matrimonial. La continence (l'absence d'activité sexuelle) joue donc un rôle de capital sexuel positif, au sens où il rend une femme attractive sur le marché du mariage. La continence – ou chasteté – constitue la première indication historique du marquage de la sexualité comme valeur sociale, même si c'est par sa négation. La chasteté fonctionne comme un capital dans une société gouvernée par des patriarcats religieux. Elle montre les façons dont le corps des femmes était marqué et contrôlé par les hommes et dont cette valeur morale pouvait être convertie en un actif économique des sociétés traditionnelles, à savoir le mariage.

2. *Le capital sexuel comme plus-value du corps.* Cette catégorie relève de la capacité à transformer le corps sexuel en marchandise, comme dans la prostitution et d'autres formes de travail du sexe. La prostitution existe dans les sociétés traditionnelles

et s'étend jusqu'aux industries du sexe contemporaines. Ici, la monétisation est directe et explicite : on échange du sexe contre de l'argent. On pourrait même parler d'une marchandisation des services sexuels – au sens où différentes formes d'interaction sexuelle s'échangent à des prix variés. Autrement dit, leurs valeurs financières sont différentes.

3. *Le capital sexuel incarné.* Cette forme de capital sexuel est plus indirecte et se réfère au fait que, sous l'égide de ce qu'Illouz a appelé le capitalisme scopique, un grand nombre de secteurs dégagent une plus-value du corps sexualisé et du soi sexuel[2]. Dit plus simplement, cela signifie que « le sexe fait vendre » non seulement au sein de l'industrie du sexe proprement dite, mais aussi dans les images et les productions culturelles. Cette valeur, ou capital, est cruciale dans les relations où interviennent le sex-appeal et le savoir-faire sexuel. Le phénomène des *incels* – contraction d'*involuntary celibate*, « célibataires involontaires » – laisse supposer que certaines personnes peuvent être laissées pour compte sur ces marchés.

4. *Le capital sexuel néolibéral.* Cette forme de capital constitue l'innovation de notre étude. Il désigne le fait que, pour beaucoup de gens, le sexe

récréatif peut en partie se traduire par un sentiment de compétence sociale, d'efficacité personnelle et d'appréciation de soi qui peut ensuite nourrir une posture active et entrepreneuriale recherchée par les entreprises. Comme nous l'expliquerons bientôt, cette forme de capital sexuel est propre à la modernité tardive ; c'est pourquoi nous la qualifions de « capital sexuel néolibéral ».

Avant d'en dire davantage sur les quatre catégories du capital sexuel, revenons sur notre aperçu historique de l'économie morale de la sexualité moderne. Celui-ci démontre deux choses. En premier lieu, bien que le sexe et la sexualité aient toujours fait partie de la sphère économique (et cela est vrai tant dans les marchés matrimoniaux que dans le travail du sexe), cette intégration – le fait que le sexe et la sexualité ne se situent pas, ou plus, hors du capitalisme – n'est pas toujours intelligible (comme nous l'avons vu chez Weber[3]).

Ensuite, au fur et à mesure des années, la condamnation morale de l'intégration du sexe dans la sphère économique tend à s'affaiblir. Plus précisément, l'effondrement typiquement néolibéral des frontières entre les domaines du travail et du non-travail entraîne une reconnaissance plus assumée de la valeur d'échange du sexe et du sex-appeal et rend celle-ci plus acceptable socialement que jadis[4]. Bien sûr, cela ne veut pas dire qu'aujourd'hui, la plupart des femmes (ou des hommes) feraient le choix de travailler dans l'industrie du sexe. Néanmoins, des éléments suggèrent que des phénomènes tels que la prostitution « soft » se répandent dans certaines franges des classes moyennes et que tous les travailleurs du sexe ne souffrent pas (ou plus) d'une dévalorisation ou d'une mauvaise appréciation de soi[5]. Une enquêtée explique ainsi à Joanna Brewis et Stephen Linstead :

> J'aime être travailleuse du sexe parce que je fais partie d'un groupe d'élite de professionnelles aux multiples talents. Selon les moments, je suis amante, psychiatre, enseignante, conseillère, éducatrice, masseuse, thérapeute et parfois tout cela à la fois. J'aime jouer un rôle. [...] J'aime le fait que j'allège la solitude des nombreux clients qui viennent me voir. Certains sont veufs, d'autres ont du mal à faire durer leurs relations, d'autres n'en ont jamais eues. Cela me fait du bien de partager avec ces hommes un moment intime qui soit chaleureux, sensuel et attentionné, et j'espère qu'ils emportent un peu de ce moment avec eux[6].

Ici, le travail du sexe devient un métier de nature thérapeutique, ce qui suppose la pénétration progressive de formes de travail sexualisées dans le marché du travail légitime. Comment la *singularité*, essentiellement privée et non monétisée, des expériences sexuelles s'est-elle intégrée dans l'organisation néolibérale du travail pour créer le capital sexuel néolibéral ?

Dans les pages qui suivent, nous tenterons de répondre à cette question en nous intéressant à trois dimensions. La première est la *place du sexe* : celui-ci est-il perçu comme appartenant à la sphère de la production (et donc doté d'une valeur d'échange), ou bien est-il pensé comme relevant de la sphère privée, comme une activité non laborieuse dotée seulement d'une valeur d'usage ? Pour y répondre, nous nous appuierons sur les études et terminologies féministes et queer. La deuxième dimension qui nous intéresse ici est la *nature genrée du sexe* : le fait qu'il soit scripté et expérimenté dans le cadre de normes et d'habitus de genre. La troisième dimension est celle du *terrain particulier de l'action sexuelle*, autrement dit, soit la beauté extérieure d'un corps, soit le domaine de l'expérience sexuelle intrinsèque.

« Bonne » reproduction et « mauvaise » production ?

Avec l'avènement de la modernité, l'idée que la sexualité domestique était séparée du système capitaliste fut largement acceptée. Comme nous l'avons vu chez Weber, les rapports sexuels étaient compris comme un contrepoids potentiel à la rationalité instrumentale qui avait accompagné le commerce moderne. C'était le « bon » sexe – surtout s'il était conjugal. Il existait cependant aussi un « mauvais » sexe, allant de la prostitution au mariage d'argent[7]. À cet égard, le sexe et la sexualité étaient perçus comme potentiellement constructifs *et* perturbateurs pour le corps social, source à la fois de plaisir *et* de danger. Ce tableau est déjà très différent de celui associé à la figure de Dom Juan aux débuts de l'époque moderne, évoquée en introduction, et aux menaces religieuses posées par le personnage pour l'ordre moral de la société de l'époque. En revanche, selon l'ordre social moral de la société contemporaine, les interactions sexuelles sont purement transactionnelles pour *certaines* personnes, alors que pour d'autres le sexe est un rapport social fondé sur l'intimité et l'amour.

Comme nous allons le montrer plus en détail, le facteur déterminant est la sphère où a lieu l'interaction. L'expérience sexuelle se situe-t-elle dans la sphère de la production, comme un échange marchand éphémère ? Ou bien fait-elle partie d'une relation émotionnelle tournée vers l'avenir, située dans la sphère domestique et perçue comme contribuant à la reproduction de la société ?

La bifurcation entre « bon » et « mauvais » sexe s'appuyait entre autres sur l'idée libérale que croissance spirituelle et croissance matérielle seraient sans commune mesure. Le caractère intéressé du marché repose sur l'existence de sphères d'activité désintéressée (spirituelle, artistique, intime)[8]. Cette perspective a ainsi compartimenté la vie sociosexuelle en deux domaines censément séparés, la production et la reproduction[9]. Dans la modernité, semble-t-il, le « mauvais » sexe commercial et le « bon » sexe domestique se coproduisaient mutuellement. Les schémas de la hiérarchie sexuelle de Gayle Rubin illustrent précisément cette antinomie relationnelle[10]. Comme l'autrice le montre, le sexe monogame, hétérosexuel, non tarifé et situé dans le cadre d'une relation a été culturellement opposé au sexe non normatif, par exemple homosexuel ou, plus proche de ce qui nous intéresse ici, tarifé.

Contrairement au sexe domestique, le sexe tarifé produit du capital financier direct, par exemple dans le cas de la prostitution et d'autres formes de travail du sexe. C'est notamment pour cette raison que le sexe tarifé était (et est toujours dans une large mesure) jugé douteux sur le plan moral. Ici, le capital est créé par un travail sexualisé, en l'occurrence les services sexuels qu'achètent, dans la plupart des cas, les hommes auprès des femmes. Évidemment, l'économie politique mondiale du commerce de sexe tarifé a beaucoup évolué depuis les années 1960[11]. Dans son état actuel, sous une forme capitalistique et entrepreneuriale, elle n'est pas comparable à ce qu'elle représentait au XIXe siècle ou même dans la première moitié du XXe. Néanmoins, dans les sociétés modernes comme dans les contemporaines, le labeur sexuel des travailleurs du sexe crée du capital financier.

Cependant, l'antinomie bon sexe / mauvais sexe ne se contentait pas d'opposer deux moralités sexuelles. La relégation par les normes modernes du bon sexe à la sphère de la reproduction et des relations sociales affectueuses n'a pas seulement situé le sexe en opposition au commerce utilitaire et aux comportements intéressés : elle a aussi placé le sexe et la sexualité dans une relation causale structurelle avec le fonctionnement des sociétés. Certains penseurs de l'époque ont envisagé le sexe comme un prisme permettant d'observer les évolutions de la société et le progrès capitaliste. Au XVIIIe siècle, l'économiste politique Bernard Mandeville, qui étudiait les croisements entre le sexe et l'économie commerciale en plein développement, notait la compatibilité, selon lui, des vices privés (notamment sexuels) et de l'intérêt personnel avec le bien commun du développement économique[12]. Bien qu'il fût convaincu que la prostitution fût un vice, il n'en a pas moins avancé que la réglementation de la prostitution était utile à la fois au commerce et à la pudeur des femmes vertueuses de la société civile[13].

Les idées de Mandeville sur l'importance de l'épanouissement sexuel privé pour le fonctionnement sans heurt de la production capitaliste ont progressivement fait l'objet d'une grande attention. Au début du XXe siècle, l'idée qu'une bonne sexualité rationalisée pouvait encourager la production s'était fait une place dans la culture. Selon ce mode de pensée, le bon sexe soutenait, pour ainsi dire, la production capitaliste. Ici, la sphère de la reproduction n'a pas seulement vocation à compléter la sphère du marché, c'est-à-dire à compléter ce que les rapports de marché peuvent fournir ; plus qu'un simple filet de sécurité, elle est requise pour la formation de sujets capables de distinguer le négociable de l'inaliénable et qui puissent s'attendre à être traités conformément à cette distinction[14].

Dans cette formulation, le sexe devient important pour la production capitaliste précisément parce qu'il appartient à la sphère non marchande de la reproduction, où les sujets sont entretenus, soignés et reproduits, en bref, où ils sont transformés en sujets à part entière.

Le fait que le sexe et la sexualité engendrent de la valeur pour le capital non seulement à travers des transactions marchandes, mais aussi dans la sphère privée, a fait l'objet d'une critique féministe nourrie et complexe. Selon celle-ci, la dépendance économique des femmes permet l'exploitation de leur travail sexuel, reproductif et émotionnel ainsi que, plus généralement, la bonne marche et la continuation du capitalisme patriarcal[15]. La régulation de la sexualité au sein de l'hétérosexualité procréative et, plus tard, romantique ou relationnelle est donc essentielle au mode de production capitaliste et à l'accumulation du capital[16]. D'ailleurs, Antonio Gramsci, comme Sigmund Freud avant lui, pensait que les hommes, pour bien travailler, devaient avoir une vie sexuelle privée épanouissante[17]. Cela a conduit les universitaires féministes à avancer que « le processus de reproduction de la force de travail/sexualité dans nos sociétés se fait aux dépens des femmes et de leur travail[18] ».

Selon cette perspective, les femmes aliènent leurs capacités sexuelles et se servent de leur apparence ou des parties sexuelles de leur corps pour produire une plus-value et du capital, soit pour l'industrie du sexe, soit pour la société au sens large sous la forme de reproduction biologique[19]. Il n'est pas pour autant question d'aplanir les différences fondamentales entre l'industrie du sexe et la sphère domestique. Néanmoins, dans la plupart des cas relevant de la catégorie que nous appelons « capital sexuel comme plus-value du corps » (notre deuxième catégorie), le capital économique provient de l'exploitation des « ressources de la sexualité[20] ». On peut supposer que c'est ce qui a poussé Catherine Hakim à proposer que les femmes renversent cette logique et exploitent leurs actifs sexuels sur le marché du travail légitime plutôt que de limiter leurs rapports (ou « échanges ») sexuels avec les hommes à la sphère domestique[21].

Une autre façon d'historiciser le capital par le prisme tridimensionnel du lieu, du genre et du sexuel consiste à opter pour une tradition de recherche tout à fait différente. Celle-ci s'intéresse au statut sexuel et aux hiérarchies de désirabilité internes maintenues par les participants de différents champs ou sous-cultures sexuelles, tels les bars gays, le *speed dating* ou les rencontres sur Tinder[22]. Les champs sexuels peuvent aller d'une « boîte de nuit punk à New York[23] » au village urbain gay, voire couvrir tout un pays[24]. Tom Inglis, par exemple, étudie la sexualité irlandaise comme un champ à part entière[25]. Cette tradition scientifique est née dans les années 1930, au moment où l'on étudiait le fonctionnement des systèmes de rencontre des universités américaines en tant que marchés matrimoniaux, mais elle s'applique aujourd'hui aux aventures sexuelles éphémères.

Dans la théorie des champs sexuels, certains acteurs sociaux jouissent d'un plus grand capital sexuel que d'autres. Cela veut dire qu'ils sont mieux placés pour avoir des rapports sexuels avec des personnes attirantes et voir, de ce fait, leur statut s'améliorer[26]. Ce genre de concurrence autour du statut sexuel est basé sur des systèmes collectifs d'évaluation de l'attrait sexuel partagés par les participants d'un champ donné. Le jugement de valeur peut s'avérer spécifique, comme dans la sous-culture *bear* de la communauté queer, ou bien plus général, comme l'ont montré Martin Weinberg et Colin Williams dans leur étude d'un bar transgenre de San Francisco[27]. Weinberg et Williams ont découvert que les femmes trans jugées les plus attirantes par les clients masculins étaient les Asiatiques, parce que leur performance de genre était perçue comme étant la plus féminine. De même, Green montre que, dans une communauté sexuelle majoritairement blanche et de classe moyenne à Manhattan, les hommes gays noirs qui affichent une masculinité hégémonique jouissent d'un certain succès sexuel, mais ne sont guère désirables quand il est question de relations à long terme[28].

On trouve un dernier exemple de ce capital sexuel dans l'étude par Ashley Mears d'un circuit festif international. Dans ce cadre, de jeunes femmes (ayant généralement moins de vingt-cinq ans) grandes, minces et définies comme très jolies rencontrent des hommes très riches dans des *whale clubs*, où nourriture et boissons sont particulièrement onéreuses. Les femmes qui ne sont pas jugées jolies sont exclues de ces clubs[29]. Triée sur le volet, la population de ces milieux se compose avant tout de « mannequins ou de femmes qui ressemblent à des mannequins » – ceux-ci se trouvant au sommet de la hiérarchie créée par le champ social où le capital sexuel est en jeu.

Ce type d'environnement crée de nouvelles formes d'activité et de statut économiques, par exemple des hommes dont l'occupation (floue) consiste à mettre en lien des hommes riches et de belles jeunes femmes, créant ainsi des réseaux et s'attirant le prestige associé à la proximité de la beauté et de l'argent. À première vue, cela semble placer le sexe dans la sphère reproductive, puisque les partenaires se rencontrent uniquement par plaisir et dans le but d'entretenir leur statut sexuel. Cependant, les champs sexuels font aussi partie du « marché des relations[30] » et autour d'eux se forment des secteurs complexes, comme dans le cas des « communautés de séduction[31] ».

Enfin, le « capital sexuel néolibéral » désigne la valeur économique que les sujets peuvent dégager de leurs qualités, capacités et expériences sexuelles propres. À première vue, cette catégorie se rapproche de celles de Hakim et des autres spécialistes de l'« économie sexuelle[32] », et c'est vrai à certains égards. Toutefois, le capital sexuel néolibéral diffère des conceptions du capital érotique comme choix rationnel, ainsi que le théorisent Hakim ou Baumeister. Selon eux, le sexe est surtout une ressource des femmes qui est échangée contre les précieux actifs des hommes. Nous pensons plutôt qu'il serait fructueux de penser le capital sexuel autant en termes de classe que de genre[33].

Cette forme de capital est moins directement genrée, parce qu'ici le « sexe » ne fait référence ni à la reproduction et à la famille, ni au sex-appeal, deux domaines encore considérés comme l'apanage des femmes. Le capital sexuel néolibéral ne se limite pas aux hiérarchies de désirabilité érotique dans la société ni aux systèmes d'échange qui en découlent – par exemple, des situations où les femmes « vendent » leurs charmes sexuels aux hommes en échange d'actifs immatériels[34]. Nous considérons cette forme de capital sexuel (notre quatrième catégorie) davantage comme une variante du capital humain[35]. Cela veut dire que la vie sexuelle d'une personne – ses expériences, ses affects et ses désirs sexuels – peut améliorer l'employabilité dans la classe moyenne[36].

Le capital sexuel néolibéral ne dépend pas du sex-appeal (*sexiness*, les affects sexuels provoqués par un corps sur un autre). Plutôt que sur l'attrait érotique, ce type de capital repose sur la qualité singulière des expériences sexuelles, sur le fait que nous vivons le sexe à un niveau purement subjectif, comme moyen de se forger un moi entièrement compatible avec les compétences et les attributs qui définissent la compétence sociale et professionnelle au sens large. Ce capital sexuel s'inscrit dans des stratégies d'apprentissage de soi, de culture de la confiance et de l'estime de soi, de prise de risque et peut-être surtout de gestion des relations par l'affirmation de soi et la domination. En d'autres termes, le capital sexuel néolibéral peut créer des avantages qui sont gagnés sur le terrain sexuel, mais peuvent aller bien au-delà. Les sujets de la classe moyenne sont plus enclins que d'autres à glaner une appréciation d'eux-mêmes à partir de leur vie sexuelle et sont, en outre, mieux placés pour employer leur capital sexuel dans leur vie professionnelle[37].

Comme nous le montrerons, cela ne signifie pas que le capital sexuel néolibéral fonctionne de la même façon pour les hommes et les femmes. Néanmoins, même si certaines pratiques associées à l'accumulation de capital sexuel semblent divisées par genre (les fêtes sexuelles pour les élites masculines de la Silicon Valley, les relations polyamoureuses pour les femmes et leurs partenaires), cela ne change pas le schéma fondamental : les expériences sexuelles au sein de la sphère privée se rendent utiles dans la sphère de la production, non sous la forme de travail du sexe, mais dans un cadre professionnel parfaitement « normal ».

Historiquement, cette forme de capital sexuel a émergé au cours de la modernité tardive, lorsque la sphère de la production économique et de l'emploi s'est peu à peu imbriquée dans la sphère de la reproduction sociale (celle du sexe, de la sexualité, des familles et des relations intimes)[38]. Nous concluons donc en affirmant que le capital sexuel néolibéral est non seulement façonné par le capitalisme néolibéral, mais aussi qu'il le légitime et l'étend plus loin encore. En nous penchant sur le cadre analytique que nous avons esquissé, nous sommes en mesure de proposer quatre catégories : le capital sexuel par défaut, le capital comme plus-value du corps, le capital sexuel incarné et le capital sexuel néolibéral comme amélioration de l'employabilité des actifs.

CHAPITRE 4

Le capital sexuel par défaut : chasteté et domesticité

La bifurcation normative entre bon et mauvais sexe s'appuyait sur un ensemble particulier de présupposés en matière de rôles de genre. Comme l'explique Faramerz Dabhoiwala, « la reconfiguration de la masculinité et de la féminité opérée par les Lumières a soulevé une des questions sociales et éthiques les plus épineuses du monde sexuel moderne : comment hommes et femmes doivent-ils se comporter[1] ? » Comme beaucoup l'ont observé, l'opinion générale sur la sexualité des hommes et des femmes avait entamé une transformation importante à la fin du XVIIIe siècle[2]. Les femmes furent désexualisées, puisqu'on se mit à penser qu'elles étaient naturellement, foncièrement, scientifiquement le sexe chaste – et donc moralement supérieures aux hommes. Elles détenaient une sorte de capital sexuel par défaut, lequel recouvrait deux idéologies de genre. La première séparait femmes morales et immorales par l'argent, c'est-à-dire par la vénalité féminine. Le patriarcat, façonné par des idéaux chrétiens de continence, séparait femmes chastes et non chastes, ainsi que sexe pour l'argent et sexe pour la reproduction dans le cadre légitime du mariage.

La deuxième idéologie soutenait que toutes les femmes étaient par nature virginales, dociles sur le plan sexuel, voire sans passion[3]. Inscrite de cette manière dans la culture, la continence constituait un signe de classe et de moralité et pouvait donc servir de capital sur les marchés matrimoniaux bourgeois du XVIIIe et du XIXe siècles. En échange de la chasteté de leur moralité sexuelle, les femmes de la bourgeoisie obtenaient la sécurité économique par le mariage, pratiquant la reproduction plutôt que le sexe récréatif ; ce dernier, par analogie avec une transaction financière ponctuelle, était troqué contre un statut économique à long terme. Dans cette austère économie morale genrée, le capital sexuel par défaut entretenait l'idéal que toutes les femmes « bien » – par opposition aux « déchues »

– étaient chastes jusqu'à preuve du contraire. La chasteté paraissait d'autant plus morale que le caractère économique de la transaction n'était pas perçu comme vénal.

La réalité historique est naturellement bien plus nuancée, non seulement sur le plan du genre, mais aussi de la classe, de la race et du lieu. Comme l'explique l'historienne du genre Hera Cook, le XIXe siècle a été un moment de mutations majeures en matière d'activité sexuelle[4]. Au début du XVIIIe siècle en Angleterre, beaucoup de femmes du peuple s'adonnaient au sexe récréatif. Sous la pression de leur entourage, les hommes (et les femmes) étaient forcés d'assumer la responsabilité de leur progéniture, ce qui aboutissait à une stabilité des couples sur le long terme, même hors mariage. Cependant, arrivés au XIXe siècle, les modes de vie et de travail s'étaient fortement transformés avec l'essor de l'urbanisation, du travail à l'usine et du salariat. Le capitalisme rendit les femmes de la classe ouvrière plus dépendantes des hommes et donc plus vulnérables sur le plan sexuel. Le mariage légal devint ainsi une situation très recherchée par les femmes, qui devaient toutefois en payer le prix :

> Lorsque les femmes ne peuvent assurer leur subsistance et celles de leurs enfants par leur propre travail, alors le mariage ou la cohabitation devient leur commerce. Dans une telle société, les hommes peuvent exiger la subordination des femmes et l'épouse accomplie veille à ne pas se mettre en danger en faisant inopportunément preuve d'audace, de coquetterie ou en montrant des connaissances en matière de sexe. Il existe donc un lien fort entre l'autonomie économique des femmes et leur comportement sexuel[5].

En l'absence de contraception, l'insécurité économique des femmes pauvres et prolétaires, associée aux pouvoirs moraux, religieux et politiques des classes moyennes émergentes, a petit à petit rendu la respectabilité sexuelle hégémonique. Les discours et les croyances de l'époque victorienne étaient étroitement liés à la religion, nourrissant des idéaux de tempérance et de maîtrise de soi.

Au tournant du XXe siècle, en revanche, il était plus largement admis que l'expression et la satisfaction sexuelles (« normales ») représentaient la clé d'un mariage réussi, de l'individualité et même de la compétence sociale au sens large[6]. La satisfaction sexuelle au sein du couple était d'ailleurs devenue un problème social, du moins dans les classes moyennes. Si les femmes chastes manquaient d'expérience, beaucoup d'hommes des classes moyennes et supérieures étaient socialisés dans l'atmosphère du sexe tarifé, où on ne leur demandait pas d'être affectueux ni attentionnés[7].

Cette réalité a poussé Freud, dans son essai « La morale sexuelle "culturelle" et la nervosité moderne », à émettre l'hypothèse que le lit conjugal n'était pas heureux : les hommes étaient souvent impuissants, les femmes frigides. Dans cet état d'urgence sexuelle, ce n'était pas uniquement le bonheur individuel des femmes et des hommes qui était en jeu, mais l'avenir de la société. Cela voulait aussi dire que la tarification du sexe et la moralité se situaient aux opposés du spectre social. Prostituées, demi-mondaines (par exemple les actrices) et femmes du peuple cherchant à entrer dans les bonnes grâces des hommes faisaient toutes partie d'un circuit économique où les faveurs sexuelles s'échangeaient contre de l'argent, tandis que les femmes respectables jouaient leur rôle au sein d'un foyer, tenant ainsi à distance la menace que posait la sexualité pour leur réputation morale.

Le sexe revêt une valeur sociale parce qu'il aide les bourgeois à se montrer membres productifs de la société, comme l'avance Freud[8], et parce qu'il assure la parcimonie du boutiquier petit-bourgeois, comme nous l'avons vu chez Werner Sombart[9]. Le bon sexe conjugal peut aussi transformer la classe ouvrière en main-d'œuvre plus efficace et docile, comme l'insinuait Henry Ford auprès de son personnel[10]. D'aucuns pensaient donc, à l'époque, que la répression sexuelle était nécessaire au capitalisme. C'est précisément ce lien entre la sexualité rationalisée des agents économiques de différentes conditions et leur docilité et utilité pour l'accumulation de capital qui a poussé, dans les années 1920, quelques révolutionnaires et progressistes d'Allemagne et des États-Unis à estimer qu'il était plus que temps d'opérer une révolution sexuelle.

Cependant, alors même qu'était reconnue l'importance de l'épanouissement sexuel au sein du foyer pour la production capitaliste, la chasteté continuait de jouer un rôle énorme dans la vie des femmes, même après le mariage. Lisa Pruitt a étudié l'histoire juridique des plaignantes en diffamation aux États-Unis, où les femmes cherchaient à obtenir réparation de propos sur la dépravation supposée de leur comportement sexuel. Pruitt explique que, jusqu'au tournant du XXe siècle, les femmes s'inquiétaient, en tant que personnes véritablement privées, de préserver leur réputation sexuelle au sein de leur cercle social restreint : « En général, [la plaignante] existait entièrement au sein de la sphère domestique, à l'écart du marché commercial, et ce sont les conséquences des propos infamants sur ces "relations privées" qui constituaient le préjudice[11]. »

C'est, selon Pruitt, vers le tournant du siècle que les tribunaux se sont mis à reconnaître l'interrelation entre privé et public et à traiter la calomnie sexuelle aussi comme une menace pour l'employabilité des femmes. C'est un exemple du rôle joué par la chasteté dans l'accès au mariage et à l'emploi par le truchement de la réputation.

CHAPITRE 5

Le capital sexuel comme plus-value du corps

Certaines formes de travail sont rémunérées parce qu'elles fournissent des services sexuels. Nous les retrouvons surtout dans l'industrie du sexe, qui comprend la prostitution, la pornographie et la danse érotique[1]. En 1970, on estimait le marché de la « pornographie hard », c'est-à-dire des représentations explicites de rapports sexuels, à un total compris entre 5 et 10 millions de dollars[2]. En 1996, le journaliste Eric Schlosser calculait que la population américaine avait dépensé 8 milliards de dollars en films pornographiques, magazines et assimilés[3]. En 2018, une approximation raisonnable du chiffre d'affaires du secteur le situe entre 6 et 15 milliards de dollars[4]. En 2019, le site Pornhub avait reçu, selon la plateforme, plus de 42 milliards de visites, soit une moyenne de 115 millions de visites par jour[5].

L'industrie du sexe est multiforme, tout comme les travaux qui l'étudient. Nous n'avons pas l'intention de répéter les principales théories de ce champ de recherche, ni de remettre en cause la gravité des implications humaines, politiques, économiques et sociales pour la majorité des personnes qui vendent leur force de travail sexuelle sur ce marché (un travail d'ailleurs particulièrement dévalué, puisque l'essentiel des sommes qu'il engendre revient aux opérateurs de sites utilisant le sexe et ses images pour faire circuler de la publicité). Nous souhaitons plutôt attirer l'attention sur ce que nous considérons comme un glissement des normes sociales qui régissent le travail du sexe et des façons dont une partie des travailleurs le vivent.

Comme nous l'avons noté plus haut, dans la modernité, l'échange d'argent constitue le seuil séparant le bon sexe du mauvais. Dans cet imaginaire social, le sexe est acceptable socialement et même encouragé, soit au nom des relations intimes et de la procréation, soit, plus récemment, à titre purement récréatif dans des rencontres sans lendemain, à condition qu'il reste (en apparence) situé hors de la matrice du capital. À l'inverse, le sexe qu'on peut monétiser directement est une mauvaise chose. Ainsi, si le corps est le principal vecteur d'accumulation du capital[6], alors, comme beaucoup l'ont souligné, les formes les plus crues et les plus directes de capital sexuel sont celles obtenues par le biais de la prostitution, c'est-à-dire par l'exploitation de la force de travail sexuelle de femmes, d'hommes et d'enfants pauvres et souvent vulnérables[7].

Pourtant, ces dernières années, le bon sexe s'est marchandisé dans d'innombrables « marchés imbriqués[8] », au point que la distinction moderniste si bien ancrée entre bon et mauvais sexe a eu de plus en plus de mal à se maintenir. Cela influe aussi sur les réalités du travail du sexe et sur les modes d'accumulation du capital sexuel. L'effacement ontologique de la frontière entre logique du don et logique commerciale, qui en principe sous-tend la vie sexuelle, a eu pour conséquence notable l'émergence d'un marché de niche pour un type de sexe tarifé plus émotionnel et moins mécanique.

Un bon exemple de cette multiplication des valeurs dans le commerce du sexe est le marché des maisons closes légales dans le Nevada, aux États-Unis. Barbara G. Brents et Kathryn Hausbeck expliquent que les gérants de ces établissements s'efforcent de rapprocher leur commerce de n'importe quel autre service plus ordinaire[9]. Finie l'atmosphère de danger, de délabrement et de malpropreté des endroits où l'on vend et achète du sexe[10] ; désormais, « le cadre encourage une ambiance plus ouverte, "festive" et une interaction plus personnalisée et moins rationalisée[11] ». Selon Brents et Hausbeck, l'un de ces gérants, Hof,

> présente explicitement sa maison close comme une destination touristique sexualisée ou, pour reprendre ses mots, « un bar pour célibataires, mais où toutes les chances sont de votre côté ». [...] Hof affirme qu'il est capable de soutirer davantage d'argent à sa clientèle en présentant le « produit » qu'elle achète comme une expérience plus que comme un acte sexuel, soutenant que le client « ne veut monter à la chambre qu'à condition de se sentir proche de vous, ou d'avoir l'impression que vous êtes amis, ou qu'il se passe quelque chose au niveau personnel, vous voyez ?[12] »

De même, tous les travailleurs du sexe ne subissent pas des traumatismes, une exploitation directe ou une totale incapacité d'agir. De fait, les plateformes numériques de partage de pornographie amateur, comme OnlyFans, reposent sur un modèle professionnel d'indépendance et ne supposent pas un travail du sexe en face à face. Les performeurs comme les performeuses appartiennent généralement à la nouvelle classe moyenne, qui est attirée par la flexibilité des horaires de travail. En outre, l'argent gagné est souvent investi dans le capital humain du travailleur ou de la travailleuse, par exemple dans son éducation ou sa formation[13].

Ce sentiment de choix et de capacité d'action se retrouve aussi dans les formes plus traditionnelles de travail du sexe.

Comme le suggère Teela Sanders, une partie des travailleurs du sexe parviennent, par leur travail sexuel et émotionnel, à résister à leur réduction à de simples objets[14]. Ils se pensent plutôt comme des prestataires. En s'assimilant à l'économie de service « ordinaire », certains parviennent à tirer profit de leur propre sexualité et à augmenter leur attractivité sur le marché ainsi que leurs gains financiers. Une travailleuse du sexe australienne citée plus haut déclare : « J'aime beaucoup le fait que je suis très compétente et professionnelle dans ce que je fais. Les clients le reconnaissent et m'en remercient. [...] Je suis une éducatrice sexuelle et j'en suis fière[15]. »

Dans ses travaux novateurs sur le travail du sexe dans la Silicon Valley, Elizabeth Bernstein montre que les personnes qui l'exercent ne s'en remettent pas seulement à leur belle apparence et leurs organes sexuels dans leurs interactions avec une clientèle issue de la classe moyenne : elles apportent également de l'intelligence émotionnelle, des compétences sociales et même du capital culturel[16]. En élargissant et en entremêlant les talents utilisés dans le travail du sexe, l'échange sexuel tarifé se fond davantage dans l'emploi de service normatif.

On peut donc raisonnablement suggérer que, pour une partie des travailleurs du sexe, le « mode de coordination[17] » typique du secteur se transforme lorsqu'ils parviennent à *accumuler du capital sexuel par leur propre travail du sexe* sans subir une dévalorisation sociale extrême. La recherche n'a pas encore produit de profil sociologique complet de ces travailleurs résilients. Ce que l'on peut déterminer, en revanche, c'est qu'un nouveau parfum néolibéral surgit parfois dans la discussion universitaire sur la prostitution. Le débat classique de l'exploitation opposée à la souveraineté individuelle fait toujours rage, mais de nouvelles questions émergent autour de l'identité et de la gestion de la stigmatisation. Ce phénomène peut être considéré comme « une vision néolibérale de la prostitution », envisagée dans sa singularité, en se demandant « comment la vente de faveurs sexuelles affecte l'appréciation du capital humain engagé dans cette activité[18] ». Clairement, cette vision n'est pas pertinente pour la vaste majorité des victimes de la traite et des personnes privées de choix.

De même, si de nombreux segments de l'industrie du sexe, notamment la consommation de pornographie et l'usage de sex-toys, sont en cours de normalisation sociale, cela ne veut pas dire que le travail du sexe soit devenu une profession « respectable ». Cependant, il est probable que si le mauvais sexe n'est plus mauvais et que si certains actifs ne sont plus forcément en danger ou pénalisés socialement pour leur implication dans le commerce de sexe, le capital sexuel dégagé du labeur des travailleurs du sexe pourrait être de plus en plus considéré comme semblable au capital produit par les services interactifs ordinaires. C'est peut-être ce qu'on observe dans le phénomène de la prostitution « soft », où des femmes jeunes et adultes de la classe moyenne en emploi troquent leur sexualité contre des cadeaux et de l'argent[19].

Des corps sexués créent du capital sexuel par le travail sexualisé de personnes exerçant un emploi de service interactionnel[20]. Un mannequin interviewé par Kaplan pour ses travaux sur la beauté et la classe sociale en Israël se souvient de ses débuts en tant que serveuse. Elle admet en toute honnêteté qu'elle avait été recrutée pour son « extraordinaire beauté » et pour l'effet que son sex-appeal produisait sur les clients qui, se rappelle-t-elle avec nostalgie, lui laissaient de généreux pourboires. Un autre exemple parlant est la « séduction mise en scène » au sein des bars à hôtes réservés aux femmes de Tokyo. Comme l'explique l'ethnographe Akiko Takeyama, l'hôte masculin effectuait un travail sexualisé sur elle, espérant qu'elle deviendrait une habituée du bar :

> Alors que je m'interroge sur les intentions de l'hôte, je remarque que mon genou frôle celui de Shin. Je me redresse et recule la jambe. Tandis que je me laisse réabsorber par la conversation, la jambe de mon pantalon touche à nouveau celle de Shin. Il s'approche

légèrement et se penche vers moi. « Tu passes un bon moment ? » murmure-t-il dans mon oreille. Je hoche la tête. Son murmure me chatouille et, légèrement alcoolisée, je suis soudain subjuguée par le parfum suave de son eau de Cologne. Ses gestes subtils ont transformé l'espace ouvert du bar en un environnement intime où sa proximité, fortuite ou non, semble délibérée. Shin ne me dit rien de substantiel dans ses furtifs murmures. Pourtant, parce que la teneur de ces échanges échappe aux autres, je suis de plus en plus attirée par lui. Ces émotions émergent à cause – et non pas en dépit – de l'existence d'autres dans l'espace. Shin a créé un fantasme, où seules comptent mon expérience sensuelle et mon interprétation cognitive[21].

L'ethnographie d'Ashley Mears sur le circuit festif planétaire des élites révèle une division plus familière de ce type de travail sexualisé. Mears montre qu'un réseau mondial d'hommes fortunés – banquiers d'affaires, magnats de l'immobilier et assimilés – se maintient à un haut niveau par le biais de « filles » sur des yachts à Saint-Tropez, à des *beach parties* aux Hamptons ou dans des bars et restaurants chics de New York. Dans cette économie sexuelle, des hommes riches exploitent la beauté et le corps de filles pour entretenir des liens sociaux et des relations d'affaires. Il semble exister là une hiérarchie esthético-morale : plus les filles ressemblent à des mannequins, moins elles sont sexualisées ou « souillées », et vice versa[22]. Des filles grandes, soignées et bien habillées aident à briser la glace entre hommes en apportant autour d'elles une atmosphère de luxe. Comme l'explique Mears, « les filles servent de décoration dans les deux sens du terme : elles constituent un embellissement qui fait paraître les hommes meilleurs qu'ils ne sont ; elles sont aussi une marque d'honneur, un symbole de statut qui capte l'attention des autres hommes[23] ».

Cependant, les belles filles ne servent pas seulement « à nous donner de l'allure, comme on meuble une maison », expliquait à Mears le client d'un restaurant haut de gamme[24]. C'est surtout que ce qui semble dénoter un statut élevé est intrinsèquement plaisant. Autrement dit, se trouver en présence de beauté(s) est agréable, tout simplement. À cet égard, les corps et les visages des femmes sont diffusés et utilisés pour créer une ambiance VIP. Évidemment, plus les filles ont l'air fausses et communes, plus l'on soupçonne qu'elles sont payées. L'une des enquêtées de Mears décrit les périls du travail sexualisé. En tant que serveuse dans un club, son travail consistait non seulement à servir des boissons, mais aussi à attirer des clients masculins vers les tables. Ces travailleuses doivent sans arrêt flirter avec la clientèle et il leur faut donc « être un petit peu putes pour gérer ça », dit-elle[25].

Pour résumer, nous identifions un début d'évolution dans le mode de coordination du capital sexuel comme plus-value du corps, principalement dans l'effacement progressif des frontières entre le travail du sexe et le travail prétendument légitime, où le corps sert de surface sexuelle et où une présence est monétisée parce que sexualisée. Dans certains segments de l'industrie du sexe – principal lieu de production de cette forme de capital –, le travail du sexe se rapproche de l'emploi de service ordinaire. Cela signifie que l'exploitation directe et l'aliénation du travail deviennent moins problématiques pour les travailleuses et travailleurs du sexe concernés.

Cependant, si elles produisent toujours un capital financier grâce à des actes sexuels qu'accomplissent leurs corps, ces personnes sont désormais confrontées à des problèmes nouveaux, comme l'exigence croissante de travail émotionnel, des difficultés liées à la gestion de la stigmatisation et à l'autopromotion, etc. Il faut noter que ces nouveaux problèmes sont assez semblables à ceux vécus par la main-d'œuvre du secteur des services ordinaires. Une autre manière de décrire cette évolution serait de dire que le travail du sexe non seulement se rapproche des autres emplois de service, mais que l'inverse est aussi vrai : les emplois de service ordinaires sont, en outre, sexualisés de façon routinière, comme nous l'avons vu dans le cas des serveuses[26].

CHAPITRE 6

Le capital sexuel incarné : désirabilité, sex-appeal et savoir-faire sexuel

Les exemples précédents se concentraient sur le capital sexuel produit dans le cadre du travail du sexe et accumulé principalement par des hommes, qui s'apparentent à des propriétaires du travail humain – bien que nous ayons vu que, dans certains contextes, les travailleurs parviennent aussi à récupérer une partie de cette valeur à leur profit. Le fonctionnement de la forme du capital sexuel évoquée au chapitre précédent reposait sur l'idée que les services sexuels et les formes de travail sexualisé s'échangent dans le cadre de transactions financières.

Nous nous concentrons maintenant sur une troisième catégorie, celle du capital sexuel incarné. Ici, le rapport sexuel n'est plus une transaction, quelque chose que l'on vend et que l'on achète, mais fait partie d'une relation, même éphémère. Le capital sexuel appartient aux individus qui sont plus désirables que d'autres, parce qu'ils peuvent attirer davantage de partenaires ou des plus désirables. Michel Houellebecq décrit admirablement cette situation dans son roman *Extension du domaine de la lutte*. Pour reprendre la formule d'un critique du quotidien *The Independent*, la thèse de Houellebecq consiste dans l'idée que « la révolution sexuelle des années 1960 a créé non le communisme, mais un capitalisme dans le marché sexuel, dont la sous-classe laide est exclue[1] ». L'écrivain l'écrit lui-même d'une façon assez poignante :

> Actuellement, nous nous déplaçons dans un système à deux dimensions : l'attractivité érotique et l'argent. Le reste, le bonheur et le malheur des gens, en découle [...]. Il existe ceci dit des supermarchés du sexe, qui produisent un catalogue assez complet de l'offre porno ; mais l'essentiel leur manque. En effet, le but majoritaire de la quête sexuelle n'est pas le plaisir, mais la gratification narcissique, l'hommage rendu par des partenaires désirables à sa propre excellence érotique. C'est d'ailleurs pour cela que le sida n'a pas changé

grand-chose ; le préservatif diminue le plaisir, mais le but recherché n'est pas, contrairement au cas des produits alimentaires, le plaisir : c'est l'ivresse narcissique de la conquête. Non seulement le consommateur porno n'éprouve pas cette ivresse, mais il éprouve souvent un sentiment opposé[2].

L'idée que le sexe implique une concurrence de statut (ou y est lié) a d'abord été développée par la recherche sur la rencontre, la mise en couple et le marché matrimonial. Une perspective prépondérante dans ce domaine s'appuie sur les théories de l'échange social et du choix rationnel : elle suggère que les acteurs aspirent à maximiser leur satisfaction et à remporter les compétitions de statut de manière stratégique, que ce soit par la mobilité ascendante, en épousant quelqu'un de statut plus élevé, ou simplement pour être considéré comme un partenaire de choix, par exemple dans les systèmes de rencontre à l'université[3]. Cependant, nous nous intéressons, pour notre part, à une déclinaison plus récente de l'approche utilitariste, à savoir la théorie des champs sexuels.

Comme nous l'avons déjà noté, la théorie des champs sexuels étudie « l'organisation sociale du désir » au sein de réseaux sociaux d'interactions sexuelles spécifiques[4]. Dans cette optique, un champ sexuel est une économie du rang social à échelle réduite, avec ses propres règles de conduite internes, qui s'organise autour de la désirabilité du moi vis-à-vis d'autrui. Ces champs peuvent correspondre à des agglomérations, des sous-cultures, des boîtes de nuit ou des systèmes de fréquentation universitaires[5]. Sur ces terrains, certaines personnes rencontrent davantage de succès sexuel que d'autres : elles disposent d'un plus grand capital sexuel. Les champs sexuels ont émergé dans le contexte de l'autonomisation progressive de la sexualité vis-à-vis de la religion ; c'est ce qu'expose Inglis dans le cas de l'Irlande[6]. Quelle que soit l'échelle, le domaine sexuel est perçu comme constituant une sphère sociale quasi autonome, où le capital sexuel se répartit inégalement entre les sujets.

James Farrer définit le capital sexuel comme « les ressources, compétences et attributs qui procurent un statut en tant qu'agents sexuels au sein d'un champ[7] ». L'essor d'« écoles » en techniques de séduction, dont les enseignants sont appelés *pickup artists*, est peut-être le signe que les acteurs considèrent la sexualité comme un domaine méritant investissement et efforts. En 2018-2019, on estimait que le secteur de ce type de coaching pesait environ 100 millions de dollars[8]. *The Game*, un livre de Neil Strauss proposant des techniques pour séduire des femmes, est considéré comme le catalyseur de la vague actuelle des *pickup artists*. L'ouvrage s'est vendu à 2,5 millions d'exemplaires[9]. Ces tendances montrent clairement que les acteurs tentent de se saisir de leur capital sexuel.

Si le capital sexuel constitue une ressource qui détermine la réussite des uns et des autres dans un champ donné, la ou le plus « riche » est celui ou celle qui accumule le plus de capital sexuel en fonction de son charme et du nombre de ses partenaires. Selon cette théorie, la désirabilité en soi améliore la position de l'individu, favorise sa réussite sociosexuelle au sein de son cercle social et est toujours relative à la désirabilité et à la réussite d'autrui[10]. Lorsque le sexe tend vers la concurrence de statut, les acteurs sont perçus comme des agents cherchant à maximiser leur capital sexuel en se rapprochant « du physique idéal ; en portant les bons vêtements et accessoires et en adoptant les postures, le langage corporel, l'idiome et les façons de parler adaptés. La réussite entraîne la réussite : plus un individu reçoit d'attention dans un champ sexuel, plus les autres sont susceptibles de le percevoir comme attirant[11] ».

De fait, la plupart des travaux qui adoptent la perspective des champs sexuels mettent en avant les normes de sex-appeal incarnées dans un champ sexuel spécifique. Cependant, dans son étude sur la culture des « coups d'un soir » à l'université, Lisa Wade montre que le capital sexuel – la capacité à attirer des partenaires pour une aventure – du sujet dépend essentiellement de ses dispositions *affectives*. En s'appuyant sur les récits de la population étudiante elle-même, Wade rapporte que le détachement et le désengagement émotionnel sont la véritable monnaie d'échange du sexe récréatif. En dépit des souffrances émotionnelles significatives qu'entraînent sur le long terme ces arrangements, les acteurs de ce champ se doivent tout de même d'afficher leur désinvolture et leur indifférence : « La désinvolture n'était pas seulement normative, elle était aussi connotée sexuellement. Plus les étudiants montraient leur détachement, plus ils pouvaient prétendre à un statut érotique élevé. L'inverse n'était pas seulement pathétique, mais tue-l'amour[12]. »

La théorie des champs sexuels possède des points forts. L'un d'eux est l'accent mis sur l'échange social d'atouts et de compétences octroyant une réussite sexuelle différenciée parmi les parties prenantes d'un champ spécifique. Il s'agit, sans aucun doute, d'une tentative fructueuse pour prendre au sérieux la sociabilité du sexe et de reconnaître, d'une part, que la popularité sexuelle octroie un avantage social en procurant un sentiment de pouvoir et de réussite à la personne et, d'autre part, que les modalités de la désirabilité et de la popularité – qu'il s'agisse de corps attirants, de savoir-faire sexuels ou de dispositions affectives adéquates – ne sont pas universelles. Elles peuvent au contraire être extrêmement conjoncturelles.

Un autre point fort de cette méthodologie, lié au premier, est l'idée que le capital sexuel est accumulé par l'individu lui-même, comme un attribut personnel et incarné. Ainsi, la théorie des champs sexuels ajoute une dimension interindividuelle et interactionnelle importante aux analyses sociales du sexe et de la sexualité, lesquelles tendent à opter pour des explications macrostructurelles. Cette volonté de rendre compte du façonnage de la vie sexuelle collective par le quotidien, à un niveau local et ordinaire, est louable. En envisageant le sexe comme une ressource sociale personnelle au sein d'un système local de classement, la perspective des champs sexuels nous permet de mieux comprendre comment les expériences quotidiennes de désirabilité attribuent et distribuent la valeur sociale. Pourtant, bien que cette théorie découle de la sociologie bourdieusienne, il lui manque une conception plus large et mieux développée du pouvoir et de la manière dont les autres forces sociales, hors du champ sexuel étudié, peuvent façonner les hiérarchies de la désirabilité[13]. Au lieu de cela, les acteurs d'un champ sont conçus comme excessivement rationnels et utilitaristes.

De manière fondamentale, le capital sexuel incarné est marqué par le genre, la race et la classe. Cette dernière est particulièrement importante du fait de la domination actuelle de la culture du selfie, aussi bien dans la vie des jeunes (et moins jeunes) adultes que dans le débat public et universitaire sur les pratiques des jeunes femmes sur les réseaux sociaux comme formes d'autoréification.

Ces discussions et préoccupations autour des selfies sexy offre un terreau fertile pour montrer ce qu'est le capital sexuel incarné, comment il recoupe la classe, le genre et l'ethnie et comment il s'inscrit dans le secteur de la culture. Si l'ensemble de la société subit un processus de sexualisation culturelle et si des personnes de tous horizons consomment et produisent une imagerie sexualisée, la question se pose de qui est considéré comme « sexy ». Encore une fois, c'est une préoccupation importante si nous partons du principe que le capital sexuel est façonné par les forces sociales et en même temps les façonne.

Dans un projet de production visuelle du sex-appeal dans la culture, les selfies sexy inspirés de l'esthétique des célébrités Instagram sont comparés à des photographies créées par une chercheuse, elle-même photographe professionnelle. Lors d'un entretien, lorsqu'on lui demande ce que « sexy » veut dire pour elle, une enquêtée mentionne « la désirabilité et être "séduisante, mais pas vulgaire"[14] ». Il est clair ici que l'appréciation du caractère sexy est étroitement mêlée à des critères de classe. Plus loin dans l'article, la chercheuse et photographe Emma Philipps réfléchit à la manière dont elle a inscrit visuellement des perceptions propres à la classe moyenne dans les photos professionnelles qu'elle a prises de cette participante et d'autres :

> J'ai conscience d'encoder ces collaborations photographiques d'au moins quelques-uns des signifiants qui relèvent de ce champ esthétique – dans l'extension de mes goûts et dans l'intérêt de ma propre pertinence culturelle. Je fais cela avec un éclairage qui évoque une ambiance mélancolique ; des objectifs qui créent un sentiment de distance vis-à-vis de Simone ou bien de proximité inhabituelle ; l'ajout d'un masque sur son visage ou d'un trench-coat porté de manière provocante ; le paysage urbain ténébreux ; le flou/bougé volontaires ; les suggestions narratives et le recours au miroir [...]. Les [photos] sont créées en tenant consciemment compte du style du portrait professionnel contemporain, avec un clair-obscur qui évoque l'intrigue et provoque une réponse émotionnelle. [...] J'invite à regarder en profondeur. Je veux que le public se demande ce qui se passe et soit séduit par l'atmosphère sombre. [...]
> J'ai mon public en tête et je sais comment le toucher. Je cherche à attirer ce que Beverley Skeggs appelle le « regard bourgeois », bien que je n'en sois pas

> consciente sur le moment. Je dois me demander si mes propres codes esthétiques contribuent à délimiter une frontière de classe qui à la fois affirme et étend mon capital culturel dominant et marginalise les démonstrations vulgaires (j'utilise le terme objectivement ici) de sexualité des femmes. [...] En tout cas, cela protège ma place dans le champ social et renforce les distinctions de classe[15].

Les participantes à l'étude avaient, comme souvent quand il s'agit des goûts de la classe moyenne, conscience à la fois de la « justesse » et du pouvoir de telles images dans la détermination des normes esthétiques du sex-appeal. Les femmes, comme les hommes, doivent produire des signes précis et exprimer quelque chose de spécifique (« séduisante mais pas vulgaire », « farouche ») si elles veulent être jugées sexy par d'autres et accumuler du capital sexuel.

La consommation de différents produits et services peut contribuer au capital sexuel incarné[16]. Certains de ces produits aident les consommateurs à modeler leur corps pour qu'il paraisse plus sexy. Un exemple emblématique est la popularité croissante de la chirurgie esthétique génitale chez les femmes de la classe moyenne, dans le contexte d'une normalisation, dans l'ensemble de la société, de ce que Lindy McDougall appelle l'« idéal de la fente nette ». Selon cet idéal promu par les médias (généralistes comme pornographiques) et une partie des médecins, une vulve agréable à l'œil est glabre, lisse, propre et minimaliste. Si la chirurgie plastique vaginale reste rare, nombreuses sont les femmes à se conformer à cette norme en éliminant leurs poils pubiens, dans l'espoir d'atteindre un idéal de féminité désirable et d'améliorer leur estime d'elles-mêmes[17]. D'autres produits liés au sexe récréatif promeuvent un idéal social : selon celui-ci, les personnes ont une valeur dans la mesure où elles sont compétentes sexuellement et ont développé les « compétences requises pour être un partenaire sexuel doué[18] ».

Bien sûr, la compétence sexuelle ne peut s'exprimer que dans la sphère privée des relations intimes, par le truchement des performances sexuelles incarnées des deux partenaires. La compétence sexuelle est une capacité personnelle. Parce qu'elle est purement expérientielle, elle ne présente en général pas de visibilité sémiotique et ne peut, pour la plupart des sujets sexuels ordinaires (dont les performances restent privées), être perçue sur leur corps. Cependant, une industrie à grande échelle de produits de développement personnel sexuel prolifère dans la culture populaire pour satisfaire à la nécessité d'un fonctionnement sexuel « obligatoire » et nous apprendre à avoir une bonne vie sexuelle[19].

Dans un monde où l'épanouissement sexuel est impératif – encore que ce critère prévaut surtout dans les relations à long terme –, être un « bon coup » au lit devient une ressource de poids pour les femmes aussi[20], comme le révèle la vaste littérature sur le sexe récréatif[21]. Ainsi, si la « qualification du sexe » peut être située dans la première moitié du XXe siècle, elle a toutefois été médiatisée par l'expertise médicale et psychologique et traitait la sexualité des femmes « non seulement comme passive et latente, mais aussi comme intrinsèquement liée à leurs instincts maternel et empathique[22] ». En revanche, à la fin des années 1960, ce rôle pédagogique a été transféré à la culture populaire et à une expertise moins professionnelle[23]. À mesure que la sexualité des femmes était célébrée[24], les hommes et peu à peu les femmes ont été encouragés à prendre en charge leur propre plaisir et à y travailler à l'aide de différents produits[25].

Nous reviendrons sur ce type de travail sexuel personnel et expérientiel dans le chapitre suivant, où nous nous pencherons sur la quatrième et dernière catégorie de capital sexuel. Pour l'instant, suggérons simplement que les compétences sexuelles constituent des marchandises dont la consommation dépend fortement de l'origine sociale et des goûts culturels. Dans son ethnographie des communautés BDSM (bondage, domination, sadisme, masochisme) de San Francisco, Margot Weiss a exposé qu'à mesure que le BDSM s'institutionnalise, se popularise et se professionnalise, il en vient à être décrit comme un loisir de la classe moyenne : « Les adeptes travaillent sur leur SM de manière consciente, mobilisant des discours américains de progrès personnel et de formation qui concordent avec l'accent sur la culture de soi qu'opère la pratique de soi chez Foucault[26] ». Weiss explique ensuite la panoplie des cours, des groupes de discussion et des clubs BDSM qui institutionnalisent le milieu et lui retirent ses anciennes connotations perverses et infâmes. De la même manière qu'acquérir des compétences sexuelles spécifiques augmente le capital sexuel propre au champ du BDSM, le mode de vie BDSM lui-même est fondé sur le capital culturel existant de ses adeptes.

Nous avons affirmé plus haut que le sexe produisait du capital soit *directement*, par le travail du sexe, soit *indirectement*, par la régulation de la sexualité dans la sphère de reproduction pour produire, collectivement, une main-d'œuvre docile, prête et apte à vendre sa force de travail. La logique est la même au stade de la consommation. Aujourd'hui, les consommateurs achètent toute une gamme de produits et services sexuels. Cependant, le sexe ne se consomme pas seulement par le truchement de produits utilisés dans les relations sexuelles proprement dites. D'aucuns disent que, dans la nouvelle économie, la culture de la consommation au sens large crée un travail fantasmatique à forte teneur érotique qui structure la conscience collective et reproduit le capitalisme[27].

Paul B. Preciado a caractérisé ce processus comme une « haute concentration de sexe-capital[28] ». L'auteur identifie un « régime pharmacopornographique » post-industriel qui régit notre subjectivité sexuelle et nous intime d'agir dans l'intérêt des compagnies pharmaceutiques et pornographiques. Un bon exemple, étudié par plusieurs universitaires, est le lien entre la publication du magazine *Playboy* (et d'autres produits médiatiques fortement sexualisés) et l'essor du capitalisme de consommation d'après-guerre[29]. En d'autres termes, le grand capital est co-créé non seulement par les travailleurs du sexe, mais aussi par ses consommateurs. Pour n'en donner qu'un seul exemple, mais très parlant : en 2019, le marché mondial des sex-toys était estimé à 26,6 milliards de dollars, un chiffre qui devrait encore grimper dans les années à venir[30].

CHAPITRE 7

Le capital sexuel néolibéral : appréciation de soi et employabilité

Nous avons vu que le sexe représente un capital lorsqu'il permet l'accès au mariage ou lorsqu'il constitue une plus-value dégagée du labeur des travailleurs et travailleuses du sexe (ou du travail sexualisé d'autres personnes occupant des emplois de service). Dans certains contextes, le travail du sexe présente des similarités avec des activités professionnelles relevant des services ou de la création. Comme les emplois de service ordinaires, le travail du sexe suppose, dans ces contextes, un investissement émotionnel et des compétences d'autopromotion. Enfin, nous avons vu que, dans le *capital sexuel incarné*, le sexe, le sex-appeal et la désirabilité s'acquièrent essentiellement dans le domaine de la consommation.

Bien qu'interactionnelle, cette forme incarnée de capital sexuel n'est pas reproductive (contrairement aux cas où les « pulsions animales » sont utilisées pour s'assurer de la docilité de la main-d'œuvre ou de la création d'une génération future). Elle ne peut pas non plus être réduite à une simple marchandise, telle qu'un produit ou service sexuel, bien qu'elle puisse certainement en inclure[1]. Le sex-appeal et le savoir-faire sexuel y sont plutôt l'expression de goûts sexuels partagés par des personnes qui se ressemblent. Très proche du capital culturel, cette forme de capital sexuel se fonde sur des critères de classe. Elle est symptomatique de la sexualisation croissante de la culture, c'est-à-dire du fait que le sexe représente désormais une part significative de la production normale de la culture et du soi.

Allons plus loin : le capital sexuel relève d'aspirations typiquement néolibérales « telles que l'autonomie, l'estime et les capacités d'expression de soi[2] ». Ces aspirations sont directement liées à l'employabilité. Cette dernière consiste dans un ensemble de réussites, de compétences et d'attributs personnels susceptible de plaire aux entreprises dans un marché de l'emploi fortement concurrentiel. Les sociologues du travail ont établi que, dans la nouvelle économie, les contours des sphères publique et privée étaient intrinsèquement brouillés. Cela signifie que chaque actif doit se comporter comme une marque. La main-d'œuvre ne vend plus seulement sa force de travail, mais l'ensemble de son être existentiel, dont elle parvient à tirer une valeur économique. Lorsque Lena Dunham se sert de son propre corps nu pour jouer son alter ego Hanna, effaçant la frontière entre biographie et art pour créer *Girls*, une série télévisée au succès planétaire, c'est son moi sexuel qu'elle utilise dans le but de produire une marchandise culturelle qui réponde à l'habitus – sexuel comme professionnel – de la classe créative[3].

Plus généralement, les individus sont de plus en plus obligés de construire leur marque personnelle et d'investir sans cesse dans leur propre employabilité[4]. La main-d'œuvre s'efforce de mieux se positionner dans ses contrats de travail avec les entreprises en adoptant la bonne apparence et la bonne attitude[5]. Nous émettons ici l'hypothèse qu'un individu pleinement employable, en capacité de s'adapter à un avenir imprévisible, est aussi un individu *pleinement sexuel*.

Le sex-appeal et la beauté peuvent être utiles aux femmes au-delà des carrières supposant un travail d'exhibition pour les secteurs de la cosmétique, du sexe, du glamour et de la mode[6] : ces attributs sont aussi de plus en plus importants dans des métiers ordinaires[7]. Mais, au-delà de la monétisation du sex-appeal au travail, à quoi les expériences sexuelles peuvent-elles servir dans le cadre de l'emploi ? Avancer que l'on pourrait exploiter la dimension expérientielle du sexe pour son emploi semble à première vue absurde : après tout, le sexe reste une question absolument privée. En outre, on attend au travail une attitude professionnelle en tout temps et on n'y a pas le droit, au minimum, de harceler sexuellement autrui ou de faire des plaisanteries à connotation sexuelle. Quel est donc le lien entre la sphère privée de l'expérience sexuelle et la sphère publique du travail ?

Il existe pourtant un lien entre sexualité et employabilité. Pour comprendre cette hypothèse, nous proposons quatre directions. Celles-ci sont théoriques, mais devraient toutes faire l'objet d'une recherche empirique.

Le lien pourrait résider dans le fait que la sexualité améliore l'estime de soi, laquelle augmente la confiance en soi, et que cette dernière donne une impression de compétence. Ainsi, dans ses recherches, Dana Kaplan a découvert qu'avoir de l'expérience sexuelle ou mener une vie sexuelle peu conforme aux normes permet à certaines personnes de ressentir de l'assurance et d'accumuler ce sentiment pour y puiser plus tard[8]. Une deuxième possibilité serait que la sexualité exprime une forme de domination (en particulier sous la forme du « coup d'un soir », comme l'affirme Illouz dans *La Fin de l'amour*). Troisièmement, le sexe pourrait être un moyen pour l'individu de mettre à profit ses compétences sociales, un talent très utile dans le secteur des services. Étant donné que les aventures sexuelles exigent une certaine maîtrise des compétences sociales, voire de la séduction, ces dernières peuvent sans peine s'appliquer à la sphère du travail.

Enfin, une sexualité épanouie conduit à une plus grande satisfaction professionnelle. Une équipe de recherche a étudié l'effet des relations sexuelles (conjugales) sur la satisfaction au travail et découvert que « les personnes salariées montrent une amélioration de leur humeur au travail de 5 % dans la journée chaque fois qu'elles ont une relation sexuelle la veille au soir[9] ». Elle ajoute que :

les personnes qui cherchent à grimper les échelons de leurs entreprises ou dont le revenu dépend de leur implication au travail (comme les personnes exerçant en free-lance ou à la maison) devraient se préoccuper tout particulièrement de leur vie sexuelle. Les rapports conjugaux semblent avoir des effets positifs le jour suivant, par le biais de l'humeur[10].

Si le sexe peut créer des affects positifs le lendemain, on peut supposer qu'il contribue à générer des revenus. Il est donc raisonnable de penser que les expériences sexuelles apportent un élément supplémentaire à l'employabilité des actifs.

En avançant l'idée que le sexe contribue à l'employabilité, nous revenons à une distinction que nous avions esquissée plus tôt, mais qui s'était retrouvée quelque peu brouillée au cours de notre étude des différents capitaux sexuels : celle entre le sex-appeal et les expériences sexuelles subjectives. Comme nous l'avons vu, le sex-appeal comme capital sexuel (troisième catégorie) est le pouvoir sexuel détenu par certaines personnes dans une situation donnée. Le problème du sex-appeal comme capital est qu'il tend à s'évanouir avec le temps, en particulier chez les femmes[11]. En effet, la valeur économique et sexuelle de ces dernières est construite avant tout par les hommes et pour les hommes. En outre, vendre ouvertement son sex-appeal entraîne encore de sévères sanctions sociales et professionnelles, même lorsque c'est volontaire[12].

En revanche, les expériences sexuelles sont, pour l'essentiel, intérieures ; elles sont durables et pas particulièrement marquées par le genre. Bien qu'elles se produisent en général en compagnie d'autrui, les effets de ces expériences et rencontres sont liés à notre subjectivité sexuelle et peuvent rester gravés dans nos mémoires. Certes, on ne saurait nier que la distinction entre réalités objectives et expériences subjectives est purement analytique. Cependant, nous maintenons que le « sexy » et l'« expérientiel » représentent deux dimensions distinctes du capital sexuel. En opérant cette distinction, nous émettons l'hypothèse que, sous le capitalisme néolibéral, les expériences sexuelles personnelles, et pas seulement l'attractivité, peuvent améliorer l'employabilité.

Dans la modernité tardive, le sexe peut être capitalisé en dehors du travail du sexe et sexualisé en dehors des choix de consommation (respectivement deuxième et troisième catégories). Le capital sexuel néolibéral peut être considéré comme la somme des états affectifs liés au sexe, accumulés par l'individu, et qui entraînent des sentiments d'estime de soi et d'autodétermination, en particulier ceux relevant de la prise de risque, de l'originalité, de la réalisation de soi, de la créativité et de l'ambition[13]. Cet ensemble d'affects d'ordre sexuel est semblable à ce que Pierre Dardot et Christian Laval appellent « le nouveau dispositif "performance/jouissance" », qui contraint les sujets néolibéraux à toujours s'amuser, expérimenter et se montrer créatifs[14].

Dans le domaine du sexe, le dispositif néolibéral de performance/jouissance est traité avant tout comme un problème de genre, qui relève de l'autonomie sexuelle des femmes[15]. De fait, la figure de la (jeune) femme « alpha », proactive sur le plan sexuel et ayant pris le pouvoir, excite l'imagination du public. Le discours général associe directement l'autonomie sexuelle à la réussite professionnelle. Prenons l'exemple d'une publicité israélienne pour Bumble, une application de rencontres qui encourage les femmes (hétérosexuelles) à « faire le premier pas » :

Pose la question à n'importe quelle femme dans la rue, elle se souviendra certainement de son tout premier pas. Non, pas quand elle a appris à marcher ! Je parle de ce moment tétanisant, lorsqu'en classe de CM1, tu t'es retrouvée devant tes camarades pour présenter ton travail. Au début, tu avais tellement le trac que tu as cru que ton cerveau allait se liquéfier. Et pourtant, tu l'as fait, et tu as assuré. Ou peut-être qu'au bureau, alors que tous les autres ont l'occasion de faire des présentations, tu rêves d'en donner une aussi, mais tu t'es persuadée que tu n'es pas faite pour ça. Pourtant, tu en parles à ton boss et il accepte, tu te lances et tu es la première impressionnée par ta performance ! C'est comme ce moment pendant un *date* où tu fais tout pour lui faire de l'effet, mais que tu attends qu'il t'embrasse le premier. S'il ne t'embrasse, tu n'as pas l'impression d'avoir réussi. Et puis il y a cette fois où tu décides de faire le premier pas et de l'embrasser. Tu te dis : yes ! c'est ce que je veux là, tout de suite ! La vie est faite de tous ces premiers pas. C'est pour cela que nous avons créé Bumble, un réseau social où les femmes se sentent capables de faire le premier pas pour leurs amours, leur carrière et leur vie. Alors, télécharge Bumble et fais le premier pas. Bumble, à toi de faire le premier pas[16].

Certes, la série d'événements décrite dans ce discours promotionnel part de la réussite professionnelle pour aller vers la réussite sexuelle – et non l'inverse, comme dans notre hypothèse. Cependant, ces deux succès sont mesurés en termes de prise de risque et d'agilité à « jouer le jeu ». Le sexe peut renforcer la confiance en soi, mais cela n'a pratiquement rien à voir avec l'apparence de la femme ; le plus important est son audace. Ici, les sphères professionnelles et sexuelles se brouillent et ne peuvent être séparées. À cet égard, Bumble traite le sexe comme un terrain de jeu pour s'essayer à ces aspirations néolibérales que sont « l'autonomie, l'estime de soi et les capacités d'expression de soi[17] ». Cette publicité pour Bumble est un produit de son temps. Elle fait écho à de joyeux appels féministes à reprendre possession de son sex-appeal et à développer des subjectivités sexuelles assumées. Dans ce mode de pensée, « le sex-appeal est une manière d'être, un processus et non une possession[18] ».

De manière paradoxale, la délocalisation féministe du « sexy » dans la sphère de ce que nous appelons l'« expérience sexuelle » cadre parfaitement avec notre conception du capital sexuel néolibéral. Le paradoxe tient au fait que c'est précisément au moment où les penseuses féministes tentent de surmonter le paradigme du sex-appeal fondé sur l'apparence que cette façon existentielle d'« être sexy » trouve une utilité économique.

Nonobstant la prise de pouvoir sexuel à la Bumble, nous pensons que la capacité à faire preuve d'autonomie, de créativité et d'expressivité sexuelles et, de surcroît, à en tirer profit n'est pas particulièrement genrée. En fait, la classe et les rapports de classe pourraient s'avérer des catégories plus pertinentes que le genre pour cette forme de capital sexuel. L'effet des expériences et des interactions sexuelles sur l'emploi actuel ou futur est déjà marqué par la classe. Les études montrent de façon invariable que celle-ci divise les activités sexuelles[19]. C'est précisément ce que nous disions quand nous suggérions que le capital sexuel est une forme de capital culturel incarné (notre troisième catégorie). Nous proposons toutefois quelque chose de plus radical : seuls *certains sujets* peuvent obtenir des retours sur investissement sur leurs capacités et expériences sexuelles.

La plupart des gens, hors situation de handicap, ne font pas face à de réels obstacles quand il s'agit d'avoir des activités sexuelles. Pourtant, le fait est que tous les sujets sexuels ne peuvent pas convertir leurs expériences en dispositions entrepreneuriales et en compétences sur le marché de l'emploi. Cette possibilité est réservée à ceux ayant un habitus propre à la classe moyenne. Selon Beverley Skeggs, cet habitus permet de se présenter comme « une personne bien, intéressante, aventureuse, qui prend des risques. Pour la classe moyenne, choisir le danger, l'aventure et le risque peut améliorer la valeur d'échange personnelle et accélérer l'avancement[20] ». Ce qui est remarquable, en l'occurrence, c'est l'importance de l'originalité personnelle dans la valeur d'échange de l'individu sur le marché du travail[21].

Nous avons vu que l'habitus de la classe moyenne s'appuyait sur la singularité et la prise de risque. Nous avons aussi montré que le capital sexuel pouvait améliorer l'employabilité. Mais en quoi consiste exactement le lien entre habitus de classe moyenne et employabilité fondée sur le capital sexuel ? Les rapports de classe se reproduisent à travers les interactions quotidiennes, en particulier celles qui prennent place au travail. Traditionnellement, l'autorité et le privilège social de la classe moyenne s'assoient et se reproduisent dans des cadres professionnels[22]. Néanmoins, la question se pose de savoir en quoi consiste l'autorité de classe moyenne aujourd'hui, alors que les sujets de cette classe sont moins nombreux à jouir d'une carrière stable et de la sécurité de l'emploi. Dans une situation aussi précaire, les sujets appartenant à la classe moyenne n'ont guère que leurs capacités affectives innées – et, dans notre cas, stimulées sexuellement – pour restaurer leur autorité.

Si la littérature sur le sujet néolibéral comme autoentrepreneur précaire voué à sans cesse cultiver sa propre employabilité est abondante, il n'existe malheureusement que peu de travaux empiriques établissant le lien entre sexualité et esprit d'entreprise dans la perspective que nous proposons. On a avancé que, dans le capitalisme actuel, le travail avait été érotisé comme une forme de liberté et d'inaliénation personnelles. Le travail « passion » affecte même le travail du sexe. La singularité est désormais un mode de production et les identités personnelles sont devenues des moyens de production[23]. Le sexe et la sexualité ne sont plus seulement perçus comme le noyau enfoui du moi véritable ; ils ont été réifiés en biens de consommation de niche, en compétences et techniques améliorables, en modes de communication personnelle, en chemins vers le bien-être et en signes de créativité, d'expérience et de singularité réalisable. Cela se rapproche de l'affirmation de Dowsett :

> En créant un marché pour les corps-en-sexe [...] dans la production du moi par la consommation technologique, en faisant du sexe seul ou avec d'autres, en promouvant un moi qui est publiquement sexuel, la marchandisation croissante des corps et du sexe illustre, au-delà de la simple notion de biens et de services, que l'idée de Braverman était juste quant à la marchandisation capitaliste et son insatiable besoin d'étendre son empire sur la vie. Cependant, en évoquant « la culture, le loisir et la vie de famille », il n'a pas su voir la marchandisation constante du sexe, des actes et des expériences sexuels, des corps sexuellement actifs, le marché en croissance du moi sexuel, ni que la subjectivité sexuelle elle-même se coulerait progressivement dans la logique des relations de marchés. Braverman n'a pas non plus su envisager un aspect productif à ce processus : productif de plaisir, d'aventure, de sociabilité, d'innovation, de transformation sociale, de communication et de lien [...]. C'est

la mutabilité du moi dans ces lieux qui est intéressante : d'anciennes certitudes laissent la place à la création et à l'exploration, ce qui perturbe l'ordre de la sexualité et du genre - hétéro aujourd'hui, bi demain ; sadique aujourd'hui, tapette demain. En choisissant ce que nous sommes, faisons et voulons sexuellement, nous nous transformons en un nouveau produit commercialisé et, en retour, nos plaisirs grandissent. La marchandisation est le prix de notre concupiscence et la sexualité continue de s'étendre, à l'instar de l'univers - notre théorie du big bang du désir[24].

Dans ce long passage, Dowsett considère que l'idée selon laquelle la vie sexuelle d'une personne représente son moi profond, intérieur, cohérent, fixe et unique a laissé place (même si ce n'est que partiellement) à une conception plus performative du sexe et de la sexualité comme série d'identifications construites socialement, mais fluides. Comme lui, nous pensons que certaines identités sexuelles ont pu se fluidifier et que la sphère sexuelle s'est marchandisée au point que les plaisirs, identifications et expériences sexuelles personnelles participent à l'autopromotion de l'individu ouvert, libéré et émancipé. Mais notre approche diffère de la sienne sur un point majeur. Dowsett n'explicite pas ce qu'il veut dire par « nous nous transformons en un nouveau produit commercialisé et, en retour, nos plaisirs grandissent ». À cet égard, sa perception se limite à la théorie des champs sexuels, où les « retours » prennent la forme de nouvelles aventures sexuelles et de plus grande réussite sociale *au sein du champ*.

En outre, comme nous l'avons expliqué en introduction, la plupart des spécialistes de la sexualité mettent en avant le potentiel émancipateur ou transgressif engendré par l'émergence d'identités sexuelles radicales, qui sont un peu plus fluides et moins binaires. Pour notre part, nous comprenons l'automarchandisation extrême de certaines de ces identités comme une forme de force de travail néolibérale et comme un avantage différentiel sur le plan professionnel.

En effet, comme le rapportent de récents travaux, les personnes non binaires, queer ou présentant d'autres diversités de genre font face à de nombreuses discriminations dans bien des organisations. Sur le marché du travail, en particulier, des données de plus en plus nombreuses montrent que, bien que les entreprises mettent progressivement en place des politiques de « diversité », les personnes transgenres ont en moyenne moins de chance de trouver un emploi, que les pénalités salariales pour certaines identités sexuelles n'ont pas disparu et que l'environnement de travail n'est pas toujours accueillant, puisque certaines personnes peuvent être poussées à se conformer à des normes de genre binaires[25].

Contrairement à Dowsett, qui envisage l'auto-promotion sexuelle comme quelque chose de limité à la sphère interindividuelle évoquée plus haut, Rosemary Hennessy va plus loin en s'intéressant au domaine plus structuré de la vie professionnelle et au cadre de l'entreprise, qu'évoque également Jacques Bidet[26]. Elle avance que les identités sexuelles hors norme deviennent de plus en plus un atout, récupéré par la production spécifique de l'économie du savoir et de la création. Certaines entreprises exploitent même l'homosexualité de leur personnel dans le cadre de leurs programmes de « diversité[27] ». Cependant, ce n'est pas tout à fait la même chose que de dire – comme nous le faisons – que l'employabilité de la classe moyenne dépend aujourd'hui d'affects liés à l'appréciation sexuelle de soi.

L'étude du sexe à l'université, qui peut nous apprendre en quoi le capital sexuel néolibéral est lié à l'employabilité de la classe moyenne et donc plus généralement à la structure de classe, constitue une piste de recherche prometteuse. De récents travaux ont montré que les hommes comme les femmes élaborent des stratégies d'appariement sexuel pendant leurs études de premier cycle (bien que les femmes subissent davantage que les hommes les préjudices de la culture des « coups d'un soir »)[28]. Dans leur étude du sexe récréatif dans une université américaine, Laura Hamilton et Elizabeth Armstrong ont observé que, contrairement aux étudiants d'origine populaire, ceux des classes supérieures ne choisissaient pas de nouer des relations à long terme[29]. La participation des femmes des classes supérieures à la culture des « coups d'un soir » leur permettait de « s'éclater », d'avoir de l'ascendant psychologique et, surtout, de consacrer davantage de temps à leurs études et à leur future carrière, au lieu de gaspiller leur énergie émotionnelle avec un homme.

Le sexe, qui se coordonne et se vit au sein de la sphère privée, peut aussi être utile dans la sphère économique, en particulier sur un marché du travail néolibéral instable[30]. Cette conception ne considère plus la sphère sexuelle comme un auxiliaire de la sphère productive, mais comme étant pratiquement indifférenciable de celle-ci. Cette définition est en même temps économique, donc semblable à celle de Bourdieu, et non économique, et en cela différente de celle de Bourdieu[31]. En dernière analyse, le sociologue estimait que tous les champs et leur capital spécifique étaient secondaires par rapport au champ du pouvoir. Le capital économique constitue la base de toutes les classifications sociales subjectives et des chances de la vie ; tous les capitaux sont traduisibles dans celui-ci, alors que l'inverse n'est pas forcément vrai[32]. Cependant, cette forme de capital suppose qu'il n'y ait pas de champ sexuel séparé.

On pourrait se demander : quelle différence y a-t-il entre notre conception du capital sexuel et la façon dont Catherine Hakim relie capital sexuel et érotique au marché du travail ? Objectivement, Hakim avance que le capital sexuel comprend « énergie, imagination érotique et plaisir[33] ». Ces composantes sont proches de notre propre définition du capital sexuel néolibéral. Cependant, ses travaux sont considérés comme se rapportant avant tout au sex-appeal des femmes. Contrairement à l'approche qu'elle a choisie, nous partons du principe que les hommes aussi peuvent exploiter leur sex-appeal et que le capital sexuel peut être dégagé d'expériences et d'interactions sexuelles, pas seulement d'une apparence « sexy ». Enfin, nous pensons que les propriétaires de capital sexuel n'élaborent pas des stratégies dans le seul but d'augmenter leur capital ou de le monnayer sur le marché du travail. Le capital sexuel employable n'est pas utilitaire ; ce qui motive son accumulation ou son utilisation n'est pas un comportement intéressé, mais un habitus instillé par des dispositions de classe.

CONCLUSION

Le christianisme avait privatisé la sexualité. Depuis lors, nous avons largement basculé dans une époque où le moi sexuel est un objet public, d'abord bien sûr comme objet politique, mais surtout par le fait qu'il se constitue d'une myriade d'actes de consommation. Avec le triomphe du freudisme, le moi sexuel d'un individu n'est plus caché derrière sa personne publique[1]. Il ne s'agit même plus d'un projet autobiographique où le sujet se mettrait en quête de vérité personnelle, mais d'une série de performances discontinues, sous l'égide d'une « proclamation publique d'identité sexuelle[2] ».

Si la plupart des théories de la sociologie critique sur le fonctionnement social du sexe s'intéressent *soit* aux injustices socioéconomiques liées au sexe, d'une part, et à la sexualité, d'autre part, *soit* à la marginalisation et à l'autonomisation des minorités sexuelles, en réalité, le capital sexuel n'est avantageux que si nous l'envisageons *simultanément* en tant que sentiment intérieur personnel et en tant que capacité psychique pouvant être utilisée comme source d'autorité, lorsque la vie professionnelle se caractérise par des emplois par projets à court terme, auxquels manquent une structure claire, un cadre organisationnel et une continuité.

La théorie du capital sexuel néolibéral que nous avons présentée dans cet ouvrage propose donc une économie politique du sexe radicale[3]. Radicale, parce qu'elle remet en cause l'idée dominante que le sexe serait avant tout une affaire privée, n'ayant rien à voir avec l'organisation de l'espace social et surtout pas avec les rapports de classe à l'échelle macroscopique. À cet égard, notre démarche diffère de celles choisies par les spécialistes du capital humain. Ces chercheurs semblent, à première vue, adopter la même perspective que nous, étant donné leur intérêt pour les investissements individuels dans différents savoirs améliorant l'emploi. Eux aussi se penchent sur des compétences employables difficiles à quantifier et détenues à titre privé : des titres qui, historiquement, ont renforcé le pouvoir de négociation de la main-d'oeuvre de la classe moyenne au plus fort du fordisme et de ses rapports de classe. De même, notre théorie relie les attributs incarnés et l'emploi. En revanche, à l'inverse des spécialistes du capital humain, nous ne postulons pas l'existence d'un acteur rationnel qui mettrait consciemment à profit son sex-appeal ou son « identité performable[4] ». Même si nous considérons que le capital sexuel s'accumule de manière individuelle, cela n'implique pas par voie de conséquence de l'aborder avec une théorie du choix d'économiste. Contrairement aux adeptes d'approches rationnelles et utilitaires du comportement sexuel, nous considérons que le sexe ne se résume pas à des tentatives individualistes pour maximiser son capital par des sujets atomisés qui calculent leurs investissements tout en poursuivant leurs intérêts personnels[5].

Nous pensons plutôt que le capital sexuel est un exemple de la manière dont les actifs de la classe moyenne, en particulier celles et ceux exerçant un travail culturel et créatif, exploitent dans un marché de l'emploi fortement concurrentiel différents types de savoirs tacites et de capacités incarnées – lesquels ne nécessitent pas nécessairement de formation formelle ou de longues périodes d'apprentissage.

Le sexe est un capital dans d'autres cas que l'exploitation par la classe dominante des capacités et de la force de travail sexuelle de sujets marqué par la classe ; en d'autres termes, il faut aller au-delà de l'idée du capital sexuel comme plus-value du corps. Le capital sexuel n'est pas non plus un atout purement personnel, utilisé et géré au niveau interindividuel par des sujets autonomes rationnels à travers la culture de la consommation et dans les rapports personnels et professionnels, comme le pensent une partie des économistes[6]. Dans la mesure où les codes esthétiques du sex-appeal et même du savoir-faire sexuel sont marqués par le genre et la classe, comme nous l'avons montré dans notre exposé des troisième et quatrième catégories, le capital sexuel fait plutôt partie de la structure de classe précisément parce qu'il est accumulé par l'individu dans l'intimité du quotidien.

Par-delà l'avènement de travailleurs équilibrés dont les désirs sexuels sont confinés à la sphère privée des relations intimes et de la consommation domestique, le capital sexuel néolibéral repose sur le présupposé que seuls certains sujets peuvent utiliser sur leur lieu de travail la liberté sexuelle dont ils jouissent en privé – et l'exploiter comme capital humain. En ayant des rapports sexuels, certaines personnes gagnent en confiance en elles et en estime d'elles-mêmes, ce qui les rend plus employables, étant donné le rôle prééminent que la mise en scène de soi et le capital émotionnel jouent dans les transactions sociales[7].

Tout au long de cet ouvrage, nous avons mis en avant le rôle de l'industrie du sexe dans l'accumulation de capital. Néanmoins, cela n'explique qu'en partie en quoi le sexe favorise la structure de classe. Certes, le sexe « fait vendre » et le secteur a largement contribué à l'asservissement de femmes (généralement) pauvres et, de plus en plus souvent, de la classe moyenne ; mais, dans la culture contemporaine, le sexe incarne aussi la liberté, la réalisation de soi, l'autonomisation et la créativité, soit les idéaux mêmes du capitalisme contemporain et, surtout, les piliers de la vie professionnelle. En développant le concept de capital sexuel néolibéral, nous prenons au sérieux ce que les féministes affirment depuis longtemps : que la sphère de la reproduction, ou « la vie elle-même », est directement partie prenante du système capitaliste et de la création de capital.

Nous pouvons pousser plus loin cette idée et envisager les compétences et pratiques subjectives comme des moyens de production directs au sein d'une vie professionnelle « réinventée », « passionnée » et « créative »[8]. Le capital sexuel néolibéral n'est qu'un exemple de la réalité sociale où les sujets de la classe moyenne en particulier, *hommes comme femmes*, doivent exploiter leurs univers de sens et leurs identités pour trouver un emploi, notamment dans les métiers créatifs. À cet égard, le capital sexuel – un attrait érotique qui implique soit du sex-appeal (généralement chez les femmes), soit une performance sexuelle (généralement chez les hommes), soit les deux – s'est étendu : ce n'est plus simplement quelque chose d'échangé entre hommes et femmes qui traduit et reproduit les hiérarchies de genre. Le capital sexuel comprend et implique aussi la totalité de la reproduction capitaliste.

REMERCIEMENTS

Les recherches de Dana Kaplan pour le présent ouvrage ont été financées par l'Israel Science Foundation (bourse nº 1560/18) et par l'Université ouverte d'Israël. L'autrice remercie Roy Zunder et Rona Mashiach pour leur aide inestimable.

Ella et Gal, ce livre est pour vous.

NOTES

Introduction.
Le sexe et les métaphores sociologiques

1. C'est ce que prônent les sociologues Alain Caillé et Frédéric Vandenberghe dans la première partie de leur ouvrage *Pour une nouvelle sociologie classique* (Lormont, Le Bord De L'eau, 2016).

2. Paul Rutherford, *A World Made Sexy: Freud to Madonna*, Toronto, University of Toronto Press, 2007.

3. Ranji Devadason, « Metaphor, Social Capital and Sociological Imaginaries », *Sociological Review*, 59 (3), 2011, p. 633-664 ; Richard Swedberg, « Using Metaphors in Sociology: Pitfalls and Potentials », *American Sociologist*, 51, 2020, p. 240-257.

4. Voir Elizabeth Bernstein, « Sex Work for the Middle Classes », *Sexualities*, 10 (4), 2007, p. 473-488 ; Emily Chang, *Brotopia: Breaking Up the Boys' Club of Silicon Valley*, New York, 2018 ; Yu Ding et Petula Sik Ying Ho, « Sex Work in China's Pearl River Delta: Accumulating Sexual Capital as a Life-Advancement Strategy », *Sexualities*, 16 (1-2), 2013, p. 43-60 ; Amin Kalaaji *et al.*, « Female Cosmetic Genital Surgery: Patient Characteristics, Motivation, and Satisfaction », *Aesthetic Surgery Journal*, 39 (12), 2019, p. 1455-1466.

5. Voir l'analyse que fait Dagmar Herzog de l'historiographie des sexualités européennes et, plus particulièrement, son résumé de l'ouvrage de Callum Brown, *The Death of Christian*

Britain (2001), où l'auteur explique que s'est produite vers 1800 une « féminisation de la piété. Les femmes sont devenues les arbitres et les gardiennes de la religiosité au nom de leurs familles et ce rôle s'est accompagné d'une insistance sur leur pudeur et leur respectabilité sexuelles. L'identité féminine repose donc sur l'adhésion à la religiosité et à la respectabilité » (d'après Dagmar Herzog, « Sexuality in the Postwar West », *Journal of Modern History*, 78 (1), 2006, p. 144-171, ici p. 152-153).

6. Traduit d'après Catherine Hakim, *Erotic Capital: The Power of Attraction in the Boardroom and the Bedroom*, New York, Basic Books, 2011, p. 6.

7. Catharine A. MacKinnon, « Feminism, Marxism, Method, and the State: Toward Feminist Jurisprudence », *Signs: Journal of Women in Culture and Society*, 8 (4), 1983, p. 635-658.

8. Panteá Farvid, Virginia Braun et Casey Rowney, « 'No Girl Wants to Be Called a Slut!': Women, Heterosexual Casual Sex and the Sexual Double Standard », *Journal of Gender Studies*, 26 (5), 2017, p. 544-560 ; Sabino Kornrich, Julie Brines et Katrina Leupp, « Egalitarianism, Housework, and Sexual Frequency in Marriage », *American Sociological Review*, 78 (1), 2013, p. 26-50 ; Goran Therborn, *Between Sex and Power: Family in the World, 1900–2000*, New York, Routledge, 2004.

9. Surya Monro et Diane Richardson, « Citizenship, Gender and Sexuality », *in* H. A. van der Heijden (dir.), *Handbook of Political Citizenship and Social Movements*, Cheltenham, 2014, p. 65-80 ; Diane Richardson, « Sexuality and Citizenship », *Sexualities*, 21 (8), 2018, p. 1256-1260.

10. Traduit d'après Surya Monro et Diane Richardson, « Citizenship, Gender and Sexuality », *op. cit.*, p. 68.

11. Diane Richardson, « Sexuality and Citizenship », *op. cit.*

12. Jyl Josephson, « Theoretical Perspectives on LGBTQ Movements », *in* William R. Thompson (dir.), *Oxford Research Encyclopedia of Politics*, Oxford, Oxford University Press, 2020, https://doi.org/10.1093/acrefore/9780190228637.013.1303 ; Surya Monro et Diane Richardson, « Citizenship, Gender and Sexuality », *op. cit.*, p. 68-71. Pour des terminologies autres que LGBTQ+ qui abordent des circonstances et des histoires locales non occidentales et plus en phase avec les théories du

Sud global, voir Surya Monro, « Sexual and Gender Diversities: Implications for LGBTQ Studies », *Journal of Homosexuality*, 67 (3), 2020, p. 315-324. Pour un contexte européen, voir Dagmar Herzog, « Sexuality in the Postwar West », *op. cit.*

13. Nous ne nions pas pour autant les nuances critiques qui existent dans les études queer de manière générale. Voir Jasbir Puar, « Rethinking Homonationalism », *International Journal of Middle East Studies*, 45 (2), 2013, p. 336-339 ; Leticia Sabsay, « The Subject of Performativity: Between the Force of Signifiers and the Desire for the Real », *The Undecidable Unconscious: A Journal of Deconstruction and Psychoanalysis*, 5 (1), 2018, p. 155-191 ; Carter Vance, « Unwilling Consumers: A Historical Materialist Conception of Compulsory Sexuality », *Studies in Social Justice*, 12 (1), 2018, p. 133-151.

14. Stephen Valocchi, « Capitalisms and Gay Identities: Towards a Capitalist Theory of Social Movements », *Social Problems*, 64 (2), 2017, p. 315-331, ici p. 316. Il faut noter que l'« identité gay » constitue pour nous un précédent idéal pour d'autres identités sexuelles (et de genre) émergentes. Peu à peu, le BDSM, la pansexualité et l'asexualité – pour ne citer que quelques formes d'identification sexuelle émergentes, plus fluides et moins définies – se muent en identités et en catégories intelligibles socialement. Pour une analyse acérée du caractère contre-productif de tels projets sexopolitiques inclusifs, voir Leticia Sabsay, « The Subject of Performativity », *op. cit.* Pour une étude d'économie politique de l'intégration de l'asexualité dans le capitalisme néolibéral, voir Carter Vance, « Unwilling Consumers », *op. cit.* Sur l'incorporation de la fluidité queer dans la culture marchande contemporaine, voir Rosemary Hennessy, *Profit and Pleasure: Sexual Identities in Late Capitalism*, New York, Routledge, 2000, p. 68-69 (au chap. 4).

15. Depuis les années 1990, dit-on, la revendication de droits de citoyenneté sexuelle tend vers le réformisme plutôt que vers la transformation. Les réformistes des droits sexuels cherchent généralement « l'inclusion dans le courant dominant » pour corriger les inégalités qui pourraient être causées par les politiques cisgenres et hétéronormées (Jyl Josephson, « Theoretical Perspectives on LGBTQ Movements », *op. cit.*, p. 40).

16. Jasbir Puar, « Rethinking Homonationalism », *op. cit.*, p. 337 ; Rosemary Hennessy, *Profit and Pleasure*, *op. cit.*

17. Diane Richardson, « Sexuality and Citizenship », *op. cit.* ; Stephen Valocchi, « Capitalisms and Gay Identities », *op. cit.* ; Carter Vance, « Unwilling Consumers », *op. cit.* Comme le dit Rosemary Hennessy, « puisque l'exploitation est par nature un rapport social inégal (où l'un ne peut profiter qu'aux dépens d'autrui), le capitalisme aura toujours besoin de moyens culturels d'oppression pour expliquer, justifier ou légitimer cette différence » (traduit d'après Rosemary Hennessy, *Profit and Pleasure*, *op. cit.*, p. 90 ; voir aussi p. 105, ainsi que K. Duplan, « The Sexual Politics of Nation Branding in Creative Luxembourg », *ACME: An International Journal for Critical Geographies*, 20 (3), 2021, p. 272-293).

18. Lauren Mizock, Julie Riley, Nelly Yuen, T. Dawson Woodrum, Erica A. Sotilleo et Alayne J. Ormerod, « Transphobia in the Workplace: A Qualitative Study of Employment Stigma », *Stigma and Health*, 3 (3), 2018, p. 275-282.

19. Stephen Valocchi, « Capitalisms and Gay Identities », *op. cit.*, p. 316. Valocchi propose une vision nuancée des mutations des régimes d'inclusion gays et lesbiens, ainsi que de leur rapport aux modalités changeantes du capitalisme. Pour un récit historique des origines de l'identité gay moderne et de ses liens avec l'essor du capitalisme industriel aux États-Unis, voir John D'Emilio, *Sexual Politics, Sexual Communities: The Making of a Homosexual Minority in the United States, 1940–1970*, Chicago, University of Chicago Press, 1983. Rosemary Hennessy s'intéresse à cette période au point de vue du consumérisme et de la culture marchande : voir Rosemary Hennessy, *Profit and Pleasure*, *op. cit.*, p. 97-105.

20. Rosemary Hennessy, *Profit and Pleasure*, *op. cit.*

21. La *lifestylization*, de l'anglais *lifestyle* (style de vie), est un processus de collusion entre, d'une part, la visibilité des identités non hétérosexuelles et, d'autre part, la promotion de pratiques consuméristes et de styles de vie spécifiques qui leur sont associés. Sur la *lifestylization* de la politique en matière de sexe, voir D. Bell et J. Binnie, *The Sexual Citizen: Queer Politics and Beyond*, Londres, Wiley, 2000 et T. M. Milani,

« Sexual Cityzenship: Discourses, Spaces and Bodies at Joburg Pride 2012 », *Journal of Language and Politics*, 14 (3), 2015, p. 431-454. Ce processus s'étend à d'autres aspects de notre quotidien.

22. Selon cette vision critique, formulée pour la première fois par Lisa Duggan, « les affirmations comme quoi des nations ou des sujets donnés seraient modernes s'appuient de plus en plus sur l'idée que l'égalité de genre ou sexuelle serait soit imminente, soit déjà là » (traduit d'après Clare Hemmings, « Resisting Popular Feminisms: Gender, Sexuality and the Lure of the Modern », *Gender, Place & Culture*, 25 (7), 2018, p. 963-977, ici p. 964). Voir Lisa Duggan, *The Twilight of Equality ? Neoliberalism, Cultural Politics and the Attack on Democracy*, Boston, Beacon Press, 2003 ; Tony H. Zhang et Robert Brym, « Tolerance of Homosexuality in 88 Countries: Education, Political Freedom, and Liberalism », *Sociological Forum*, 34 (2), 2019, p. 501-521.

23. Traduit d'après Jasbir Puar, « Rethinking Homonationalism », *op. cit.* Dans ce texte ultérieur, Jasbir Puar avance que son concept de départ a évolué et qu'il est désormais présenté autrement et parfois mal compris. À l'origine, elle souhaitait expliquer en quoi la notion de citoyennes et citoyens gays, nationaux et libéraux « se mondialise en sous-tendant les structures impériales états-uniennes par l'adoption d'un multiculturalisme progressiste sur le plan sexuel qui justifie d'intervenir à l'étranger. Par exemple, les justifications comme les accusations provoquées par les photos de la prison d'Abou Ghraib reposent sur des constructions orientalistes de la sexualité masculine musulmane, vue comme étant à la fois excessivement queer et dangereusement prémoderne » (p. 366). Pour une revue critique du concept d'homonationalisme, voir Jyl Josephson, « Theoretical Perspectives on LGBTQ Movements », *op. cit.*

24. Gilly Hartal, « Gay Tourism to Tel-Aviv: Producing Urban Value ? », *Urban Studies*, 56 (6), 2019, p. 1148-1164. Jasbir Puar a montré comment le tourisme queer venu du Nord global contribue à créer « une élite queer cosmopolite » et à former une identité gay mondiale. Les touristes gays et lesbiennes, affirme-t-elle, ne cherchent pas seulement à accomplir leur citoyenneté sexuelle nationale dans le monde : ces manifestations de la

mobilité internationale queer sont sous-tendues par l'idée de moderniser sexuellement ces autres du Sud global. Voir Jasbir Puar, « Circuits of Queer Mobility: Tourism, Travel and Globalization », *GLQ: A Journal of Lesbian and Gay Studies*, 8 (1-2), 2002, p. 101-138.

25. Nancy Fraser, « Crisis of Care ? On the Social Reproductive Contradictions of Contemporary Capitalism », *in* Tithi Bhattacharya (dir.), *Social Reproduction Theory: Remapping Class, Recentering Oppression*, Londres, Pluto Press, 2017, p. 21-36, ici p. 33 ; Clare Hemmings, « Resisting Popular Feminisms », *op. cit.*, p. 967-968.

26. Traduit d'après Nancy Fraser, « Crisis of Care ? », *op. cit.*, p. 33.

27. Traduit d'après Carter Vance, « Unwilling Consumers », *op. cit.*, p. 138-139 ; Leticia Sabsay, « The Subject of Performativity », *op. cit.*

28. David Harvey, « The Body as an Accumulation Strategy », *Environment and Planning D: Society and Space*, 16 (4), 1998, p. 401-421.

29. En cela, nous sommes influencées par l'argument de Dagmar Herzog selon lequel il est important d'historiciser (et, dans notre cas, de sociologiser) « pas seulement les droits sexuels, mais aussi la sexualité elle-même » (traduit d'après Dagmar Herzog, « Sexuality in the Postwar West », *op. cit.*, p. 161).

30. Wendy Brown, « Neoliberalism's Frankenstein: Authoritarian Freedom in Twenty-First Century "Democracies" », *Critical Times*, 1 (1), 2018, p. 60-79, ici p. 62.

31. Eva Illouz, *La Fin de l'amour. Enquête sur un désarroi contemporain*, traduit par Sophie Renaut, Paris, Seuil, 2019 ; Pierre Dardot et Christian Laval, *La Nouvelle Raison du monde. Essai sur la société néolibérale*, Paris, La Découverte, 2010 ; Martijn Konings, *The Emotional Logic of Capitalism: What Progressives Have Missed*, Stanford, Stanford University Press, 2015.

32. Traduit d'après Wendy Brown, « Neoliberalism's Frankenstein », *op. cit.*, p. 62. Voir aussi Paul B. Preciado, *Testo Junkie : Sexe, drogue et biopolitique*, Paris, Grasset et Fasquelle, 2008, p. 161-162.

33. Steven Seidman, *Romantic Longings: Love in America, 1830–1980*, New York, Routledge, 1991, p. 67.

34. Eva Illouz, *Consuming the Romantic Utopia: Love and the Cultural Contradictions of Capitalism*, Berkeley, University of California Press, 1997 ; *id.*, *La Fin de l'amour*, *op. cit.* ; Rosemary Hennessy, *Profit and Pleasure*, *op. cit.*

35. Traduit d'après Ken Plummer, « Sexual Markets, Commodification and Consumption », *in* George Ritzer (dir.), *The Blackwell Encyclopedia of Sociology*, vol. 9, Oxford, Blackwell Pub., 2007, p. 4250-4252, ici p. 4250-4251.

36. Voir Dana Kaplan, « Porn Tourism and Urban Renewal: The Case of Eilat », *Porn Studies*, 7 (4), 2020, p. 459-473.

37. Feona Attwood, *Mainstreaming Sex: The Sexualization of Western Culture*, Londres, Bloomsbury, 2009 ; Eva Illouz, *La Fin de l'amour*, *op. cit.* ; Paul B. Preciado, *Testo Junkie*, *op. cit.*

38. Andreas Reckwitz, « The Society of Singularities », *in* Doris Bachmann-Medick, Jens Kugele et Ansgar Nunning (dir.), *Futures of the Study of Culture: Interdisciplinary Perspectives, Global Challenges*, Berlin, De Gruyter, 2020, p. 141-154, ici p. 143.

39. *Ibid.*, p. 145.

40. Stephen Maddison, « Beyond the Entrepreneurial Voyeur ? Sex, Porn and Cultural Politics », *New Formations*, 80-1, 2013, p. 102-118 ; Alyssa N. Zucker et Laina Y. Bay-Cheng, « Me First: The Relation Between Neoliberal Beliefs and Sexual Attitudes », *Sexuality Research and Social Policy*, 18 (7-8), 2020, p. 1-7.

41. Dana Kaplan, « Sexual Liberation and the Creative Class in Israel », *in* Nancy Fisher, Steven Seidman et Chet Meeks (dir.), *Introducing the New Sexuality Studies*, Oxford, Routledge, 2016, p. 363-370 ; Stephen Shukaitis et Joanna Figiel, « Knows No Weekend: The Psychological Contract of Cultural Work in Precarious Times », *Journal of Cultural Economy*, 13 (3), 2020, p. 290-302.

42. Michèle Lamont, « From 'Having' to 'Being': SelfWorth and the Current Crisis of American Society », *British Journal of Sociology*, 70 (3), 2019, p. 660-707.

43. Breanne Fahs et Sara I. McClelland, « When Sex and Power Collide: An Argument for Critical Sexuality Studies », *Journal of Sex Research*, 53 (4), 2016, p. 392-416.

44. *Ibid.*, p. 408. Dans notre volonté de comprendre comment le sexe et le pouvoir se rencontrent, nous suivons également les travaux révolutionnaires de Viviana Zelizer sur l'interpénétration des logiques sociales marchandes et intimes. Comme l'explique Zelizer, les domaines du sexe et des transactions économiques coexistent régulièrement dans toute une série de rapports interpersonnels. Cela est vrai du travail du sexe et, de façon plus significative, des relations intimes à long terme, plus durables et moins restreintes, romantiques ou autres. Ce croisement régulier explique pourquoi les gens réalisent constamment ce que Zelizer appelle de « bons assortiments » : nous travaillons sans cesse à faire correspondre l'économique et l'intime pour faire durer nos relations. « Les relations sont si importantes que les gens travaillent d'arrache-pied à leur faire correspondre des formes adéquates d'activité économique et des marqueurs clairs de la nature de ces relations » [notre traduction]. Bien assortir est une pratique interactive constante et quotidienne. Elle dépend non seulement de notre compréhension culturelle de ce qui est approprié au niveau ou au type d'intimité, mais aussi de la classe, de l'ethnie et d'autres positions sociales (Viviana A. Zelizer, « Money, Power, and Sex », *Yale Journal of Law & Feminism*, 18 (1), 2006, p. 303-315, ici p. 307).

Chapitre 1
Liberté sexuelle et capital sexuel

1. Faramerz Dabhoiwala, « Lust and Liberty », *Past & Present*, 207 (1), 2010, p. 89-179, ici p. 156.

2. *Ibid.*, p. 179. Voir aussi Stevi Jackson et Sue Scott, « Sexual Antinomies in Late Modernity », *Sexualities*, 7 (2), 2004, p. 233-248.

3. Traduit d'après Adam Isaiah Green, « Introduction: Toward a Sociology of Collective Sexual Life », *in* A. I. Green (dir.), *Sexual Fields: Toward a Sociology of Collective Sexual Life*, Chicago, University of Chicago Press, 2014, p. 1-24, ici p. 7.

4. Max Weber, « Parenthèse théorique : le refus religieux du monde, ses orientations et ses degrés », traduit par Philippe Fritsch, *Archives de sciences sociales des religions*, 61 (1), 1986, p. 7-34, ici p. 24.

5. Voir Jeffrey Weeks, *Sexuality and Its Discontents*, Londres, Routledge, 1985, p. 12 ; Georg Simmel, « The Adventure », *in* Kurt H. Wolff (dir.), *Essays on Sociology, Philosophy and Aesthetics*, New York, Harper & Row, 1959, p. 243-258.

6. Voir Rosalind Ann Sydie, « Sex and the Sociological Fathers », *Canadian Review of Sociology/Revue canadienne de sociologie*, 31 (2), 1994, p. 117-138.

7. On citera notamment, en dépit de leurs différences, Anthony Giddens, *La Transformation de l'intimité : sexualité, amour et érotisme dans les sociétés modernes*, Paris, Le Rouergue/Chambon, 2004, et Michel Foucault, *Histoire de la sexualité*, vol. 1 : *La Volonté de savoir*, Paris, Gallimard, 1976. Voir aussi John Levi Martin et Matt George, « Theories of Sexual Stratification: Toward an Analytics of the Sexual Field and a Theory of Sexual Capital », *Sociological Theory*, 24 (2), 2006, p. 107-132, ici p. 126.

8. Eva Illouz, *Pourquoi l'amour fait mal. L'expérience amoureuse dans la modernité*, traduit par Frédéric Joly, Paris, Seuil, 2012.

9. Werner Sombart, *Le Bourgeois. Contribution à l'histoire morale et intellectuelle de l'homme économique moderne* (1913), traduit par Samuel Jankélévitch, deuxième livre, Paris, Payot, 1928, p. 126. Le texte allemand original est consultable sur https://visuallibrary.net/ihd/content/pageview/307093?query=keusch.

10. Herbert Marcuse, *L'Homme unidimensionnel. Études sur l'idéologie de la société industrielle* (1964), traduit par Monique Wittig et Herbert Marcuse, Paris, Minuit, 1968.

11. Traduit d'après Andrew Sayer, « Moral Economy and Political Economy », *Studies in Political Economy*, 61 (1), 2000, p. 79-103, ici p. 79.

12. Traduit d'après Ben Fine, « From Bourdieu to Becker: Economics Confronts the Social Sciences », *in* Philipp Arestis et Malcolm C. Sawyer (dir.), *The Rise of the Market: Critical Essays on the Political Economy of Neo-Liberalism*, Cheltenham, Edward Elgar Publishing, 2004, p. 76-106, ici p. 77 ; à comparer avec

Thomas Piketty, *L'Économie des inégalités*, Paris, La Découverte, 2015.

13. Geoffrey M. Hodgson, « Conceptualizing Capitalism: A Summary », *Competition & Change*, 20 (1), 2016, p. 37-52 ; voir Laurent Thévenot, « Vous avez dit "capital" ? Extension de la notion et mise en question d'inégalités et de pouvoirs de domination », *Annales. Histoire, Sciences Sociales*, 70 (1), 2015, p. 69-80.

14. Laurent Thévenot, « Vous avez dit "capital" ? », *op. cit.*

15. Andrew Sayer, « Moral Economy and Political Economy », *op. cit.*, p. 94.

Chapitre 2
Qu'est-ce que le capital sexuel ?

1. Traduit d'après Valerie Traub, « Making Sexual Knowledge », *Early Modern Women*, 5, 2010, p. 251-259, ici p. 253.

2. Voir aussi Stevi Jackson et Sue Scott, *Theorizing Sexuality*, Maidenhead, McGraw-Hill Education, 2010, p. 139 ; Deborah L. Tolman, Christin P. Bowman et Breanne Fahs, « Sexuality and Embodiment », *in* Deborah L. Tolman and Lisa M. Diamond (dir.), *APA Handbook of Sexuality and Psychology*, Washington, American Psychological Association, 2014, p. 759-804, ici p. 760.

3. Janet Halley, *Split Decisions: How and Why to Take a Break from Feminism*, Princeton, Princeton University Press, 2006. Cette définition s'apparente à celle du bien connu « système de sexe/genre », compris comme « un ensemble de dispositions par lesquelles le matériel biologique brut du sexe et de la procréation est façonné par l'intervention humaine, sociale, et satisfait selon des conventions, aussi bizarres que puissent être certaines d'entre elles » (Gayle Rubin, « Le marché aux femmes : "économie politique" du sexe et systèmes de sexe/genre », traduit par Nicole-Claude Mathieu, *in* Rostom Mesli (dir.), *Surveiller et jouir. Anthropologie politique du sexe*, Paris, EPEL, 2010, p. 23-82, ici p. 33).

4. David M. Halperin, « What Is Sex For ? », *Critical Inquiry*, 43 (1), 2016, p. 1-31.

5. Traduit d'après Janet Halley, *Split Decisions*, *op. cit.*, p. 24 ; voir aussi Tamsin Wilton, « What Is Sex ? Asking the Impossible

Question », *in id.*, *Sexual (Dis)Orientation*, Londres, Palgrave Macmillan, 2004, p. 54-75, ici p. 56.

6. Rachel Wood, « Look Good, Feel Good: Sexiness and Sexual Pleasure in Neoliberalism », *in* Ana Sofia Elias, Rosalind Gill et Christina Scharff (dir.), *Aesthetic Labour: Rethinking Beauty Politics in Neoliberalism*, Londres, Palgrave Macmillan, 2017, p. 317-332.

7. Emily H. Ruppel, « Turning Bourdieu Back upon Sexual Field Theory », *Sexualities*, 16, 2020, https://doi.org/10.1177%2F1363460720976958.

8. Lisa Duggan, « The New Homonormativity: The Sexual Politics of Neoliberalism », *in* Russ Castronovo, Dana D. Nelson et Donald E. Pease (dir.), *Materializing Democracy: Toward a Revitalized Cultural Politics*, Durham, Duke University Press, 2002, p. 175-194 ; Clare Hemmings, « Affective Solidarity: Feminist Reflexivity and Political Transformation », *Feminist Theory*, 13 (2), 2012, p. 147-161, doi: 10.1177/1464700112442643 ; Stevi Jackson et Sue Scott, « Sexual Antinomies in Late Modernity », *op. cit.* ; Eve Ng, « A 'Post-Gay' Era ? Media Gaystreaming, Homonormativity, and the Politics of LGBT Integration », *Communication, Culture & Critique*, 6 (2), 2013, p. 258-283 ; Rob Cover, *Emergent Identities: New Sexualities, Genders and Relationships in a Digital Era*, Oxon, Routledge, 2018 ; Héctor Carrillo et Amanda Hoffman, « 'Straight with a Pinch of Bi': The Construction of Heterosexuality as an Elastic Category among Adult US Men », *Sexualities*, 21 (1-2), 2018, p. 90-108.

9. Comparer avec Gayle Rubin, « Penser le sexe : pour une théorie radicale de la politique de la sexualité » [1984], traduit par Flora Bolter, Christophe Broqua, Nicole-Claude Mathieu et Rostom Mesli, in *Surveiller et jouir*, *op. cit.*, p. 135-211, et avec Monique Mulholland, « When Porno Meets Hetero: SEXPO, Heteronormativity and the Pornification of the Mainstream », *Australian Feminist Studies*, 26 (67), 2011, p. 119-135. Voir aussi Feona Attwood et Clarissa Smith, « Leisure Sex: More Sex! Better Sex! Sex Is Fucking Brilliant! Sex, Sex, Sex, SEX », *in* Tony Blackshaw (dir.), *Routledge Handbook of Leisure Studies*, New York, Routledge, 2013, p. 325-336 ; Nancy L. Fischer, « Seeing

'Straight': Contemporary Critical Heterosexuality Studies and Sociology: An Introduction », *Sociological Quarterly*, 54, 2013, p. 501-510 ; Stevi Jackson et Sue Scott, « Sexual Antinomies in Late Modernity », *op. cit.* ; Steven Seidman, « Critique of Compulsory Heterosexuality », *Sexuality Research and Social Policy*, 6 (1), 2009, p. 18-28.

10. Karl Marx, *Le Capital*, traduit par Jean-Pierre Lefebvre, vol. 1, Paris, Éditions sociales, 2022.

11. Gayle Rubin, « Le marché aux femmes », *op. cit.*, p. 28.

12. Traduit d'après Ben Fine, « From Bourdieu to Becker », *op. cit.*, p. 79.

13. Geoffrey M. Hodgson, « Conceptualizing Capitalism », *op. cit.*, p. 43-44.

14. Traduit d'après *ibid.*, p. 43

15. Traduit d'après *ibid.*, p. 44.

16. Laurent Thévenot, « Vous avez dit "capital" ? », *op. cit.*, p. 66-69.

17. Pierre Bourdieu, « The Forms of Capital », *in* John G. Richardson (dir.), *Handbook of Theory and Research for the Sociology of Education*, New York, Greenwood, 1986, p. 241-258.

18. Voir Eva Illouz, *Saving the Modern Soul: Therapy, Emotions, and the Culture of Self-Help*, Berkeley, University of California Press, 2008 ; Michèle Lamont, *La Morale et l'argent. Les valeurs des cadres en France et aux États-Unis*, Paris, Métailié, 1995.

19. Geoffrey M. Hodgson, « Conceptualizing Capitalism », *op. cit.*, p. 44 ; voir aussi Ben Fine, « From Bourdieu to Becker », *op. cit.*, p. 79.

20. Anthony M. Endres et David A. Harper, « Capital in the History of Economic Thought: Charting the Ontological Underworld », *Cambridge Journal of Economics*, 44 (5), 2020, p. 1069-1091.

21. Laurent Thévenot, « Vous avez dit "capital" ? », *op. cit.* ; Mike Savage, Alan Warde et Fiona Devine, « Capitals, Assets, and Resources: Some Critical Issues », *British Journal of Sociology*, 56 (1), 2005, p. 31-47.

22. Laurent Thévenot, « Vous avez dit "capital" ? », *op. cit.*, p. 66-69. Par « mode de coordination », Thévenot entend les

manières dont des activités sociales, des agents et des objets disparates sont ordonnés, regroupés, régulés, éventuellement mis à profit, etc. Il est composé des principes organisateurs concrets, des logiques et des domaines où s'inscrivent les actions sociales. Ainsi, les marchés constituent un mode de coordination énorme dans les sociétés ; c'est aussi le cas des familles et les réseaux pourraient être un troisième mode, plus actuel, de coordination (sociale). En d'autres termes, un mode de coordination est une manière spécifique de faire les choses dans le cadre de l'ordre social général : des façons particulières d'investir, de transmettre ou échanger et d'évaluer certaines pratiques propres à un champ. C'est principalement pour cette raison, pense Thévenot, qu'il existe différentes sortes de capital qu'on ne saurait réduire aux capitaux économiques et marchands.

23. Scott Davies et Jessica Rizk, « The Three Generations of Cultural Capital Research: A Narrative Review », *Review of Educational Research*, 88 (3), 2018, p. 331-365 ; Gloria Kutscher, « Studying Diversity at Work from a Class Perspective: An Inductive and Supra-Categorical Approach », *in* Sine Nørholm Just, Annette Risberg et Florence Villeseche (dir.), *The Routledge Companion to Organizational Diversity Research Methods*, New York, Routledge, 2020, p. 216-227.

24. Sam Friedman et Aaron Reeves, « From Aristocratic to Ordinary: Shifting Modes of Elite Distinction », *American Sociological Review*, 85 (2), 2020, p. 323-350.

25. Jon Beasley-Murray, « Value and Capital in Bourdieu and Marx », *in* Nicholas Brown et Imre Szeman (dir.), *Pierre Bourdieu: Fieldwork in Culture*, Lanham, Rowman & Littlefield Publishers, 2000, p. 100-119 ; Mike Savage *et al.*, « Capitals, Assets, and Resources », *op. cit.*

26. Voir Rachel L. Cohen, « Types of Work and Labour », *in* Gregor Gall (dir.), *Handbook on the Politics of Labour, Work and Employment*, Cheltenham, Edward Edgar Publishing, 2019, p. 261-280 ; Alan Sears, « Body Politics: The Social Reproduction of Sexualities », *in* Tithi Bhattacharya (dir.), *Social Reproduction Theory: Remapping Class, Recentering Oppression*, Londres, Pluto Press, 2017, p. 171-191.

Chapitre 3
Les formes du capital sexuel

1. Nancy Fraser, « Crisis of Care ? », *op. cit.*

2. Eva Illouz, *La Fin de l'amour*, *op. cit.*

3. Voir plus haut ; ce point est également mis en exergue par John Levi Martin et Matt George dans « Theories of Sexual Stratification », *op. cit.*

4. Pour une analyse historique nuancée de la construction sociale de la sexualité avant la modernité, voir Faramerz Dabhoiwala, « Lust and Liberty », *op. cit.* ; Daniel Juan Gil, *Before Intimacy: Asocial Sexuality in Early Modern England*, Minneapolis, University of Minnesota Press, 2006 ; ainsi que les essais *in* Satu Lidman *et al.* (dir.), *Framing Premodern Desires: Sexual Ideas, Attitudes, and Practices in Europe*, Amsterdam, Amsterdam University Press, 2017.

5. Michel Feher, « S'apprécier, ou les aspirations du capital humain », *Raisons politiques*, 28 (4), 2007, p. 11-31.

6. Traduit d'après Joanna Brewis et Stephen Linstead, *Sex, Work and Sex Work: Eroticizing Organization*, Londres, Routledge, 2000, p. 197.

7. Faramerz Dabhoiwala, « Lust and Liberty », *op. cit.*

8. Michel Feher, « S'apprécier », *op. cit.*, p. 13. Viviana Zelizer appelle cela la croyance en « des mondes hostiles », selon laquelle « tout mélange des liens intimes avec des transactions économiques corrompt inévitablement l'intimité et cette invasion des activités commerciales par les rapports intimes corrompt également ces activités » (d'après Viviana Zelizer, « Money, power, and sex », *op. cit.*, p. 305).

9. Lauren Berlant et Michael Warner, « Sex in Public », *Critical Inquiry*, 24 (2), 1998, p. 547-566, ici p. 553 ; Gail Hawkes, *Sociology of Sex and Sexuality*, Buckingham, McGraw-Hill Education, 1996 ; Rosemary Hennessy, *Profit and Pleasure*, *op. cit.*, p. 95 ; Thomas Laqueur, « Sex and Desire in the Industrial Revolution », *in* Patrick K. O'Brien et Roland Quinault (dir.), *The Industrial Revolution and British Society*, Cambridge, Cambridge University Press, 1993, p. 100-123.

10. Gayle Rubin, « Penser le sexe » *op. cit.*, p. 160-161.

11. Sheila Jeffreys, *The Industrial Vagina: The Political Economy of the Global Sex Trade*, Londres, Routledge, 2009.

12. Bernard Mandeville, *La Fable des abeilles suivi de Recherches sur l'origine de la vertu morale* [1714], traduit par Jean Bertrand, Paris, Institut Coppet, 2011.

13. Faramerz Dabhoiwala, « Lust and Liberty », *op. cit.*, p. 112-115.

14. Michel Feher, « S'apprécier », *op. cit.* Ici, notre retraduction d'un passage situé à la p. 24 d'une version postérieure de l'article, en anglais : Michel Feher, « Self-Appreciation ; or, The Aspirations of Human Capital », *Public Culture*, 21 (1), 2009, p. 21-41.

15. Voir les chapitres *in* Tithi Bhattacharya (dir.), *Social Reproduction Theory: Remapping Class, Recentering Oppression*, Londres, Pluto Press, 2017 ; ainsi que Rhonda Gottlieb, « The Political Economy of Sexuality », *Review of Radical Political Economics*, 16 (1), 1984, p. 143-165 ; Kylie Jarrett, « The Relevance of 'Women's Work': Social Reproduction and Immaterial Labor in Digital Media », *Television & New Media*, 15 (1), 2014, p. 14-29.

16. Silvia Federici, *Caliban et la sorcière. Femmes, corps et accumulation primitive*, Genève/Paris/Marseille, Entremonde/Senonevero, 2014.

17. Antonio Gramsci, « Cahier 22 », traduit par Claude Perrus, in *Cahiers de prison. Anthologie*, Jean-Yves Frétigné (dir.), Paris, Gallimard, 2022, p. 579-605.

18. Traduit d'après Claudia von Werlhof, « Notes on the Relation Between Sexuality and Economy », *Review (Fernand Braudel Center)*, 4 (1), 1980, p. 33-42, ici p. 38. Voir aussi Pierre Dardot et Christian Laval, *La Nouvelle Raison du monde*, *op. cit.*, p. 295-298 ; Alan Sears, « Body Politics », *op. cit.*

19. Sheila Jeffreys, *The Industrial Vagina*, *op. cit.*

20. Gayle Rubin, « Le marché aux femmes », *op. cit.*, p. 71.

21. Catherine Hakim, *Erotic Capital*, *op. cit.* ; voir aussi Roy F. Baumeister, Tania Reynolds, Bo Winegard et Kathleen D. Vohs, « Competing for Love: Applying Sexual Economics Theory to Mating Contests », *Journal of Economic Psychology*, 63, 2017, p. 230-241.

22. Adam Isaiah Green, « Introduction », *op. cit.* ; Adam Isaiah Green, « The Sexual Fields Framework », *in id.* (dir.), *Sexual Fields: Toward a Sociology of Collective Sexual Life*, Chicago, University of Chicago Press, 2014, p. 25-56 ; Valerie Hey, « The Contrasting Social Logics of Sociality and Survival: Cultures of Classed Be/Longing in Late Modernity », *Sociology*, 39 (5), 2005, p. 855-872 ; Emily H. Ruppel, « Turning Bourdieu Back Upon Sexual Field Theory ». Nous abordons la théorie des champs sexuels dans les pages qui suivent et y reviendrons au chapitre 5.

23. Adam Isaiah Green, « Introduction », *op. cit.*, p. 28.

24. Sur le problème de l'échelle dans les études des champs sexuels, voir Emily H. Ruppel, « Turning Bourdieu Back Upon Sexual Field Theory », *op. cit.*

25. Tom Inglis, « Foucault, Bourdieu and the Field of Irish Sexuality », *op. cit.*

26. Adam Isaiah Green, « Introduction », *op. cit.* ; *id.*, « The Sexual Fields Framework », *op. cit.* ; Tom Inglis, « Foucault, Bourdieu and the Field of Irish Sexuality », *op. cit.*

27. Martin S. Weinberg et Colin J. Williams, « Sexual Field, Erotic Habitus, and Embodiment at a Transgender Bar », in Adam Isaiah Green (dir.), *Sexual Fields*, *op. cit.*, p. 57-70.

28. Adam Isaiah Green, « The Sexual Fields Framework », *op. cit.*, p. 47.

29. Ashley Mears, *Very Important People: Status and Beauty in the Global Party Circuit*, Princeton, Princeton University Press, 2020.

30. Ken Plummer, « Sexual Markets, Commodification and Consumption », *op. cit.*

31. Rachel O'Neill, *Seduction: Men, Masculinity and Mediated Intimacy*, Cambridge, Polity Press, 2018.

32. Roy F. Baumeister *et al.*, « Competing for Love », *op. cit.*, p. 231.

33. Dana Kaplan, *Recreational Sexuality, Food, New Age Spirituality: A Cultural Sociology of Middle-Class Distinctions*, thèse de doctorat, Université hébraïque de Jérusalem, 2015 ; *id.*, « Sexual Liberation and the Creative Class in Israel », *op. cit.*

34. Voir Roy F. Baumeister *et al.*, « Competing for Love », *op. cit.*

35. Michel Feher, « S'apprécier », *op. cit.*

36. Dana Kaplan, *Recreational Sexuality, Food, New Age Spirituality*, *op. cit.* ; *id.*, « Sexual Liberation and the Creative Class in Israel », *op. cit.*

37. *Ibid.*

38. Michel Feher, « S'apprécier », *op. cit.* ; Valerie Hey, « The Contrasting Social Logics of Sociality and Survival », *op. cit.* ; Dana Kaplan, *Recreational Sexuality, Food, New Age Spirituality*, *op. cit.*

Chapitre 4
Le capital sexuel par défaut : chasteté et domesticité

1. Traduit d'après Faramerz Dabhoiwala, *The Origins of Sex: A History of the First Sexual Revolution*, Oxford, Oxford University Press, 2012, p. 181.

2. *Ibid.*, p. 232

3. Voir cependant Peter Gay, *The Bourgeois Experience: Victoria to Freud*, New York, Oxford University Press, 1984, p. 133.

4. Hera Cook, *The Long Sexual Revolution. English Women, Sex, and Contraception. 1800–1975*, Oxford, Oxford University Press, 2004.

5. Traduit d'après *ibid.*, p. 65

6. Sigmund Freud, « La morale sexuelle "culturelle" et la nervosité moderne » [1908], traduit par Janine Altounian, André Bourguignon et Michel Candelier, *in id.*, *Sexualité*, Paris, PUF, 2018, p. 195-219 ; John Levi Martin, « Structuring the Sexual Revolution », *Theory and Society*, 25 (1), 1996, p. 127.

7. Hera Cook, *The Long Sexual Revolution*, *op. cit.*

8. Sigmund Freud, « La morale sexuelle "culturelle" et la nervosité moderne », *op. cit.*

9. John Levi Martin, « Structuring the Sexual Revolution », *op. cit.*, p. 115.

10. Antonio Gramsci, « Cahier 22 », *op. cit.*

11. Traduit d'après Lisa R. Pruitt, « Her Own Good Name: Two Centuries of Talk about Chastity », *Maryland Law Review*, 63, 2004, p. 401-539, ici p. 423.

Chapitre 5
Le capital sexuel comme plus-value du corps

1. Rachel L. Cohen, « Types of Work and Labour », *op. cit.*
2. *The Report of the Commission on Obscenity and Pornography*, septembre 1970, p. 18-19, https://babel.hathitrust.org/cgi/pt?id=mdp.39015036875279&view=1up&seq=37.
3. Joseph W. Slade, « Pornography in the Late Nineties », *Wide Angle*, 19 (3), 1997, p. 1-12.
4. Voir Ross Benes, « Porn Could Have a Bigger Economic Influence on the US than Netflix », 20 juin 2018, https://finance.yahoo.com/news/porn-could-bigger-economic-influence-121524565.html.
5. Consulter https://www.pornhub.com/insights/2019-year-in-review.
6. David Harvey, « The Body as an Accumulation Strategy », *op. cit.*, p. 406.
7. Sheila Jeffreys, *The Industrial Vagina*, *op. cit.* ; Linda McDowell, *Working Bodies: Interactive Service Employment and Workplace Identities*, Oxford, Wiley-Blackwell, 2009. Un bon exemple historique est la séparation « des espaces reproductifs et des espaces prostitutionnels » à Porto Rico selon une logique coloniale de genre, de classe et de race : voir Paul B. Preciado, *Testo Junkie: Sex, Drugs and Biopolitics in the Pharmacopornographic Era*, New York, The Feminist Press, 2013, p. 182-185.
8. Ken Plummer, « Sexual Markets, Commodification and Consumption », *op. cit.*
9. Barbara G. Brents et Kathryn Hausbeck, « Marketing Sex: US Legal Brothels and Late Capitalist Consumption », *Sexualities*, 10 (4), 2007, p. 425-439.
10. Dana Kaplan, « Recreational Sex Not-at-Home: The Atmospheres of Sex Work in Tel Aviv », *in* Brent Pilkey *et al.* (dir.), *Sexuality and Gender at Home: Experience, Politics, Transgression*, Londres et New York, Routledge, 2017, p. 216-231.

11. Traduit d'après Barbara G. Brents et Kathryn Hausbeck, « Marketing Sex », *op. cit.*, p. 433.

12. *Ibid.*, p. 434

13. Paul Ryan, *Male Sex Work in the Digital Age: Curated Lives*, New York, Springer, 2019, p. 130.

14. Teela Sanders, « 'It's Just Acting': Sex Workers' Strategies for Capitalizing on Sexuality », *Gender, Work, and Organization*, 12 (4), 2005, p. 319-342, ici p. 322. Voir aussi Viviana Zelizer, « Money, power, and sex », *op. cit.*, p. 308-310.

15. Joanna Brewis et Stephen Linstead, *Sex, Work and Sex Work*, *op. cit.*, p. 197, p. 233.

16. Elizabeth Bernstein, « Sex Work for the Middle Classes », *op. cit.*

17. Voir Laurent Thévenot, « Vous avez dit "capital" ? », *op. cit.*

18. Traduit d'après Michel Feher, « Self-Appreciation », *op. cit.*, p. 30.

19. Kavita Ilona Nayar, « Sweetening the Deal: Dating for Compensation in the Digital Age », *Journal of Gender Studies*, 26 (3), 2017, p. 335-346 ; Franklin G. Mixon, « Sugar Daddy U: Human Capital Investment and the University-Based Supply of 'Romantic Arrangements' », *Applied Economics*, 51 (9), 2019, p. 956-971. Viviana Zelizer, « Money, power, and sex », *op. cit.*, p. 310-311.

20. Rachel L. Cohen, « Types of Work and Labour », *op. cit.*

21. Traduit d'après Akiko Takeyama, *Staged Seduction: Selling Dreams in a Tokyo Host Club*, Stanford, Stanford University Press, 2016, p. xv.

22. Cela ne veut pas dire qu'il n'y aurait pas de violence sexuelle dans le secteur de la mode et que les « vrais » mannequins ne subiraient pas d'agressions sexuelles. Ce problème est devenu apparent ces dernières années. Voir S. Hennekam et D. Bennett, « Sexual Harassment in the Creative Industries: Tolerance, Culture and the Need for Change », *Gender, Work & Organization*, 24 (4), 2017, p. 417-434.

23. Traduit d'après Ashley Mears, *Very Important People*, *op. cit.*, p. 110.

24. *Ibid.*, p. 112.

25. *Ibid.*, p. 126.

26. *Ibid.*

Chapitre 6
Le capital sexuel incarné : désirabilité, sex-appeal et savoir-faire sexuel

1. Traduit d'après « Michel Houellebecq: The sex export », *The Independent*, 21 août 2005.

2. Michel Houellebecq, *Interventions 2020*, Paris, Flammarion, 2020, p. 56-57. Pour des analyses similaires des fonctions des compétitions sexuelles dans le répertoire de Houellebecq, voir Niall Sreenan, « Universal, Acid: Houellebecq's Clones and the Evolution of Humanity », *Modern & Contemporary France*, 27 (1), 2019, p. 77-93 ; Carole Sweeney, *Michel Houellebecq and the Literature of Despair*, Londres, Bloomsbury, 2013 ; James Dutton, « Houellebecq, Pornographer? Monstration and the Remains of Sex », *Critique: Studies in Contemporary Fiction*, 2020, p. 1-13.

3. Willard Waller, « The Rating and Dating Complex », *American Sociological Review 2*, n° 5 (1937), p. 727-734.

4. John Levi Martin et Matt George, « Theories of Sexual Stratification », *op. cit.*, p. 108 ; Adam Isaiah Green, « Erotic Habitus: Toward a Sociology of Desire », *Theoretical Sociology*, 37, 2008, p. 597-626 ; *id.*, « The Sexual Fields Framework », *op. cit.*

5. Emily H. Ruppel, « Turning Bourdieu Back upon Sexual Field Theory », *op. cit.*

6. Tom Inglis, « Foucault, Bourdieu and the Field of Irish Sexuality », *op. cit.*

7. Traduit d'après James Farrer, « A Foreign Adventurer's Paradise ? Interracial Sexuality and Alien Sexual Capital in Reform Era Shanghai », *Sexualities*, 13 (1), 2010, p. 69-95, ici p. 75.

8. Voir Sirin Kale, « 50 Years of Pickup Artists: Why Is the Toxic Skill Still so in Demand », *The Guardian*, 5 novembre 2019, https://www.theguardian.com/lifeandstyle/2019/nov/05/pickup-artists-teaching-men-approach-women-industry-street-harassment.

9. Zing Tsjeng, « Men Are Still Spending Obscene Amounts of Money to Become Pick-Up Artists », 15 juin 2018, https://www.vice.com/en/article/gyk37y/pickup-artist-study-rachel-oneill-seduction-book ; Neil Strauss, *The Game. Les secrets d'un*

virtuose de la drague, traduit par Christophe Rosson, Paris, Au Diable Vauvert, 2008.

10. Adam Isaiah Green, « Introduction », *op. cit.*, p. 39.

11. Traduit d'après Lisa Wade, « Doing Casual Sex: A Sexual Fields Approach to the Emotional Force of Hookup Culture », *Social Problems*, 68 (1), 2021, p. 185-201, ici p. 187.

12. *Ibid.*

13. Emily H. Ruppel, « Turning Bourdieu Back upon Sexual Field Theory », *op. cit.*

14. Traduit d'après Emma Phillips, « 'It's Classy Because You Can't See Things': Data from a Project Co-Creating Sexy Images of Young Women », *Feminist Media Studies*, 2020, p. 1-16, ici p. 8.

15. *Ibid.*, p. 9. Sur le « regard bourgeois », voir Beverley Skeggs, « Imagining Personhood Differently: Person Value and Autonomist Working-Class Value Practices », *Sociological Review*, 59 (3), 2011, p. 496-513, ici p. 496.

16. Eva Illouz, *Saving the Modern Soul*, *op. cit.* ; *id.*, *La Fin de l'amour*, *op. cit.* ; William Mazzarella, « Citizens Have Sex, Consumers Make Love: Marketing KamaSutra Condoms in Bombay », *in* Brian Moeran (dir.), *Asian Media Productions*, Richmond, Routledge, 2001, p. 168-196.

17. Lindy McDougall, *The Perfect Vagina: Cosmetic Surgery in the Twenty-First Century*, Bloomsbury, Indiana University Press, 2021.

18. Traduit d'après Ruth Lewis, Cicely Marston et Kaye Wellings, « Bases, Stages and 'Working Your Way Up': Young People's Talk about Non-Coital Practices and 'Normal' Sexual Trajectories », *Sociological Research Online*, 18 (1), 2013, § 5.2.

19. Rosalind Gill, « Mediated Intimacy and Postfeminism: A Discourse Analytic Examination of Sex and Relationships Advice in a Women's Magazine », *Discourse and Communication*, 3 (4), 2009, p. 345-369 ; Elizabeth Goren, « America's Love Affair with Technology: The Transformation of Sexuality and the Self over the 20th Century », *Psychoanalytic Psychology*, 20 (3), 2003, p. 487-508.

20. Rosalind Gill, « Mediated Intimacy and Postfeminism », *op. cit.*

21. Voir Elizabeth A. Armstrong, Paula England et Alison C. K. Fogarty, « Accounting for Women's Orgasm and Sexual Enjoyment in College Hookups and Relationships », *American Sociological Review*, 77 (3), 2012, p. 435-462.

22. Traduit d'après Gail Hawkes, *Sociology of Sex and Sexuality*, *op. cit.*, p. 95.

23. Eva Illouz, *Saving the Modern Soul*, *op. cit.*

24. Jennifer Scanlon, « Sexy from the Start: Anticipatory Elements of Second Wave Feminism », *Women's Studies*, 38 (2), 2009, p. 127-150.

25. Rosalind Gill, « Mediated Intimacy and Postfeminism », *op. cit.* ; Rosalind Gill et Christina Scharff (dir.), *New Femininities: Postfeminism, Neoliberalism, and Subjectivity*, Londres, Palgrave Macmillan, 2011 ; Melissa Tyler, « Managing between the Sheets: Lifestyle Magazines and the Management of Sexuality in Everyday Life », *Sexualities*, 7 (1), 2004, p. 81-106.

26. Traduit d'après Margot Weiss, *Techniques of Pleasure: BDSM and the Circuits of Sexuality*, Durham, Duke University Press, 2011, p. 76.

27. Adam Arvidsson, « Netporn: The Work of Fantasy in the Information Society », *in* K. Jacobs, M. Janssen et M. Pasquinelli (dir.), *C'LICK ME : A Netporn Studies Reader*, Amsterdam, Institute of Network Cultures, 2007, p. 69-76, ici p. 70 ; Rosemary Hennessy, *Profit and Pleasure*, *op. cit.*, p. 94-110.

28. Paul B. Preciado, *Testo Junkie*, *op. cit.*, p. 32.

29. Gail Dines, « 'I Buy It for the Articles': Playboy Magazine and the Sexualization of Consumerism », *in* Gail Dines et Jean M. Humes (dir.), *Gender, Race, and Class in Media: A Critical Reader*, Thousand Oaks, Sage Publishing, 1995, p. 254-262 ; Paul B. Preciado, *Testo Junkie*, *op. cit.* ; Dana Kaplan, *Recreational Sexuality, Food, New Age Spirituality*, *op. cit.*

30. Voir « Sex Toys Market Size, Share & Trends Analysis Report », https://www.grandviewresearch.com/industry-analysis/sex-toys-market.

Chapitre 7
Le capital sexuel néolibéral : appréciation de soi et employabilité

1. Pour reprendre l'exemple que nous avons donné dans la dernière section, les adeptes du BDSM peuvent consommer des marchandises sexuelles telles que du matériel spécialisé, des ateliers de formation, etc.

2. Traduit d'après Rosemary Crompton, « Class and Employment », *Work, Employment and Society*, 24 (1), 2010, p. 9-26, ici p. 21.

3. Maria San Filippo, *Provocauteurs and Provocations: Screening Sex in 21st Century Media*, Bloomington, Indiana University Press, 2021, p. 171-172 ; Christopher Lloyd, « Sexual Perversity in New York ? », *in* M. Nash et I. Whelehan (dir.), *Reading Lena Dunham's Girls*, Cham, Palgrave Macmillan, 2017, p. 197-207 ; Rosalind Gill, « Afterword: Girls: Notes on Authenticity, Ambivalence and Imperfection » *in* M. Nash et I. Whelehan (dir.), *Reading Lena Dunham's Girls*, Cham, Palgrave Macmillan, 2017, p. 225-242.

4. Jane Artess, Tristram Hooley et Robin Mellors-Bourne, « Employability: A Review of the Literature 2012 to 2016. A Report for the Higher Education Academy », ERIC 2017, https://eric.ed.gov/?id=ED574372 ; Ilana Gershon, *Down and Out in the New Economy: How People Find (or Don't Find) Work Today*, Chicago, University of Chicago Press, 2017.

5. Peter Bloom, « Fight for Your Alienation: The Fantasy of Employability and the Ironic Struggle for Self-Exploitation », *Ephemera: Theory & Politics in Organizations*, 13 (4), 2013, p. 785-807, ici p. 796.

6. Ashley Mears, *Pricing Beauty: The Making of a Fashion Model*, Berkeley, University of California Press, 2011 ; *id.*, *Very Important People*, *op. cit.*

7. Scott Freng et David Webber, « Turning Up the Heat on Online Teaching Evaluations: Does 'Hotness' Matter ? », *Teaching of Psychology*, 36 (3), 2009, p. 189-193 ; Catherine Hakim, « Erotic Capital », *European Sociological Review*, 26 (5), 2010, p. 499-518 ; *id.*, « Erotic Capital, Sexual Pleasure,

and Sexual Markets », *in* Osmo Kontula (dir.), *Pleasure and Health: Nordic Association for Clinical Sexology* (actes de colloque), Helsinki, 2012, p. 27-44, http://nacs.eu/data/nacs_final_sec_edit_web.pdf ; Chris Warhurst et Dennis Nickson, « 'Who's Got the Look ?' Emotional, Aesthetic and Sexualized Labour in Interactive Services », *Gender, Work and Organization*, 16 (3), 2009, p. 385-404.

8. Dana Kaplan, *Recreational Sexuality, Food, New Age Spirituality*, *op. cit.* ; *id.*, « Sexual Liberation and the Creative Class in Israel », *op. cit.*

9. Traduit d'après Keith Leavitt, Christopher Barnes, Trevor Watkins et David Wagner, « From the Bedroom to the Office: Workplace Spillover Effects of Sexual Activity at Home », *Journal of Management*, 45 (3), 2019, p. 1173-1192, ici p. 1185.

10. *Ibid.*, p. 1186

11. Eva Illouz, *La Fin de l'amour*, *op. cit.*

12. Un article du *New York Times* rapporte que, durant la crise économique causée par la pandémie de Covid-19 en 2020, des femmes ayant perdu leur emploi se sont tournées vers OnlyFans. L'une des personnes interrogées « s'inquiète que sa présence sur la plateforme puisse rendre plus difficile son embauche dans des emplois traditionnels plus tard : "Si vous cherchez un métro-boulot-dodo, on risque de ne pas vous engager si on découvre que vous avez un OnlyFans, dit-elle. On risque de ne pas vouloir de vous si on sait que vous êtes une travailleuse du sexe." » (https://www.nytimes.com/2021/01/13/business/onlyfans-pandemic-users.html)

13. Dana Kaplan, *Recreational Sexuality, Food, New Age Spirituality*, *op. cit.* ; *id.*, « Sexual Liberation and the Creative Class in Israel », *op. cit.*

14. Pierre Dardot et Christian Laval, *La Nouvelle Raison du monde*, *op. cit.*, p. 433.

15. Alyssa N. Zucker et Laina Y. Bay-Cheng, « Me First », *op. cit.*

16. Voir https://www.haaretz.co.il/digital/podcast/PODCAST-1.9388997 (publicité en hébreu, traduite de l'anglais).

17. Traduit d'après Rosemary Crompton, « Class and Employment », *op. cit.*, p. 21.

18. Sheila Lintott et Sherri Irvin, « Sex Object and Sexy Subjects: A Feminist Reclamation of Sexiness », *in* Sherri Irvin (dir.), *Body Aesthetics*, Oxford, Oxford University Press, 2016, p. 299-318, ici p. 310.

19. Emily Chang, *Brotopia*, *op. cit.* ; Alfred C. Kinsey, Wardell B. Pomeroy et Clyde E. Martin, *Le Comportement sexuel de l'homme*, Paris, Pavois, 1948 ; Elisabeth Sheff et Corie Hammers, « The Privilege of Perversities: Race, Class and Education among Polyamorists and Kinksters », *Psychology and Sexuality*, 2 (3), 2011, p. 198-223.

20. Traduit d'après Beverley Skeggs, « The Making of Class and Gender through Visualizing Moral Subject Formation », *Sociology*, 39 (5), 2005, p. 965-982, ici p. 971.

21. Voir aussi Valerie Hey, « The Contrasting Social Logics of Sociality and Survival », *op. cit.*

22. Jacques Bidet, *Foucault avec Marx*, Paris, La Fabrique, 2014, p. 117.

23. Lisa Adkins et Celia Lury, « The Labour of Identity: Performing Identities, Performing Economies », *Economy and Society*, 28 (4), 1999, p. 598-614 ; Lisa Adkins, « Sexuality and Economy: Historicisation vs. Deconstruction », *Australian Feminist Studies*, 17 (37), 2002, p. 31-41 ; Rosemary Hennessy, *Profit and Pleasure*, *op. cit.* ; Clare Hemmings, « Affective Solidarity », *op. cit.*

24. Traduit d'après Gary W. Dowsett, « The Price of Pulchritude, the Cost of Concupiscence: How to Have Sex in Late Modernity », *Culture, Health and Sexuality*, 17 (S1), 2014, p. 5-19, ici p. 12.

25. Voir Catherine J. Abe et Louise Oldridge, « Non-Binary Gender Identities in Legislation, Employment Practices and HRM Research », *in* Stefanos Nachmias et Valery Caven (dir.), *Inequality and Organizational Practice*, Cham, Palgrave Macmillan, 2019, p. 89-114 ; Robin C. Ladwig, « Proposing the Safe and Brave Space for Organisational Environment: Including Trans* and Gender-Diverse Employees in Institutional Gender Diversification », *Gender in Management: An International Journal*, 2021 ; Danielle C. Lefebvre et Jose F. Domene, « Workplace Experiences of Transgender Individuals: A Scoping Review », *Asia Pacific Career Development Journal*, 3 (1),

2020, p. 2-30 ; M. I. Suarez, G. Marquez-Velarde, C. Glass et G. H. Miller, « Cis-Normativity at Work: Exploring Discrimination against US Trans Workers », *Gender in Management: An International Journal*, 2020 ; Sean Waite, John Ecker et Lori E. Ross, « A Systematic Review and Thematic Synthesis of Canada's LGBTQ2S+ Employment, Labour Market and Earnings Literature », *PloS One*, 14 (10), 2019, e0223372.

26. Rosemary Hennessy, *Profit and Pleasure*, *op. cit.* ; Jacques Bidet, *Foucault avec Marx*, *op. cit.*

27. Lisa Adkins, « Sexuality and Economy », *op. cit.*

28. Voir Lisa Wade, « Doing Casual Sex », *op. cit.*

29. Laura Hamilton et Elizabeth A. Armstrong, « Gendered Sexuality in Young Adulthood: Double Binds and Flawed Options », *Gender and Society*, 23 (5), 2009, p. 589-616.

30. Dana Kaplan, *Recreational Sexuality, Food, New Age Spirituality*, *op. cit.* ; Markella B. Rutherford, « The Social Value of Self-Esteem », *Society*, 48 (5), 2011, p. 407-412.

31. Notre théorie doit beaucoup à la théorie bourdieusienne des capitaux spécifiques à un champ, mais elle s'en écarte sur certains points. Pour Bourdieu, les formes de capital propres à un champ sont difficiles à acquérir lorsque les compétences nécessaires pour être un acteur majeur dans ces champs sont monopolisées par quelques individus. Ces capitaux accumulés peuvent aboutir à des bénéfices sociaux généralisés. Toutefois, nous pensons qu'une approche bourdieusienne du capital sexuel est surtout apte à expliquer les processus de domination, de légitimation et de naturalisation des inégalités économiques. Si le capital économique est clé pour Bourdieu, son œuvre détaille les manières dont les capitaux non économiques délimitent, eux aussi, des frontières symboliques entre les classes sociales, reproduisant ainsi le pouvoir symbolique et réel de la classe dominante. En d'autres termes, la théorie de Bourdieu concerne la domination de classe. Son grand projet était de préciser méthodiquement les mécanismes par lesquels les avantages (le capital) non économiques reproduisent la structure de classe. Cette démarche repose sur le présupposé que la culture en général et l'économie – les sphères de la reproduction et de la production – sont séparées

(voir Dana Kaplan, *Recreational Sexuality, Food, New Age Spirituality*). Cependant, comme nous l'avons répété tout au long de ce livre, ce présupposé est difficile à tenir, même d'un point de vue critique, quand il s'agit de la modernité tardive. Cela change également le sens du capital sexuel.

32. Voir aussi Floya Anthias, « Hierarchies of Social Location, Class and Intersectionality: Towards a Translocational Frame », *International Sociology*, 28 (1), 2013, p. 121-138, ici p. 122.

33. Traduit d'après Catherine Hakim, *Erotic Capital*, *op. cit.*, p. 22.

Conclusion

1. Eva Illouz, *Saving the Modern Soul*, *op. cit.*

2. Elizabeth Goren, « America's Love Affair With Technology », *op. cit.*, p. 497.

3. Andrew Sayer, « Moral Economy and Political Economy », *op. cit.*

4. Lisa Adkins, « Sexuality and Economy », *op. cit.*, p. 38.

5. Voir Roy F. Baumeister *et al.*, « Competing for Love », *op. cit.* ; Edward O. Laumann, John Gagnon, Robert Michael et Stuart Michaels, *The Social Organization of Sexuality: Sexual Practices in the United States*, Chicago, University of Chicago Press, 1994, p. 8-15.

6. Roy F. Baumeister *et al.*, « Competing for Love », *op. cit.* ; Gary Becker, *Accounting for Tastes*, Cambridge, Harvard University Press, 1996, p. 4-5, 7 ; Catherine Hakim, *Erotic Capital*, *op. cit.* ; Outi Sarpila, « Attitudes towards Performing and Developing Erotic Capital in Consumer Culture », *European Sociological Review*, 30 (3), 2013, p. 302-314.

7. Dana Kaplan, *Recreational Sexuality, Food, New Age Spirituality*, *op. cit.* Voir Eva Illouz, *Saving the Modern Soul*, *op. cit.*

8. Angela McRobbie, *Be Creative: Making a Living in the New Culture Industries*, Cambridge, Polity, 2016, p. 61.

TABLE

De la même autrice

Eva Illouz
Les Sentiments du capitalisme
Seuil, 2006

Pourquoi l'amour fait mal
L'expérience amoureuse dans la modernité
Seuil, 2012 ; Points, « Points Essais », 2014

Hard romance
Cinquante nuances de Grey *et nous*
Seuil, 2014

Happycratie
Comment l'industrie a pris le contrôle de nos vies
(avec Edgar Cabanas)
Premier Parallèle, 2018

Les Marchandises émotionnelles
L'authenticité au temps du capitalisme
(sous la direction d'Eva Illouz)
Premier Parallèle, 2019

La Fin de l'amour
Enquête sur le désarroi contemporain
Seuil, 2020 ; Points, « Points Essais », 2021

Les Émotions contre la démocratie
Premier Parallèle, 2022

Dans la même collection

Irène Théry
Moi aussi
La nouvelle civilité sexuelle
2022

Claire Richard
Des mains heureuses
Une archéologie du toucher
2023

Nicole Lapierre
Le Plus Menteur d'entre nous
2023

RÉALISATION : NORD COMPO À VILLENEUVE-D'ASCQ
IMPRIMERIE : NORMANDIE ROTO S.A.S. À LONRAI
DÉPÔT LÉGAL : NOVEMBRE 2023. N° : 149780 (2303624)
IMPRIMÉ EN FRANCE